Kehlmann | Die Reise der Verlorenen

Theater der Gegenwart

Daniel Kehlmann

Die Reise der Verlorenen

Nachwort und Anmerkungen
von Thomas Wortmann

Reclam

RECLAMS UNIVERSAL-BIBLIOTHEK Nr. 14553
2024 Philipp Reclam jun. Verlag GmbH,
Siemensstraße 32, 71254 Ditzingen
info@ reclam.de

Veröffentlicht im Rowohlt Verlag in dem Band:
Vier Stücke von Daniel Kehlmann, Hamburg, November 2019

Gestaltung: Cornelia Feyll, Friedrich Forssman
Druck und Bindung: Esser printSolutions GmbH,
Untere Sonnenstraße 5, 84030 Ergolding
Printed in Germany 2025
RECLAM, UNIVERSAL-BIBLIOTHEK und
RECLAMS UNIVERSAL-BIBLIOTHEK sind eingetragene Marken
der Philipp Reclam jun. GmbH & Co. KG, Stuttgart
ISBN 978-3-15-014553-1
reclam.de

Die Reise der Verlorenen

Uraufführung am 6. September 2018
im Theater in der Josefstadt in Wien
Regie: Janusz Kica

Das Stück basiert auf dem 1974 erschienenen Buch *Voyage of the Damned* von Gordon Thomas und Max Morgan-Witts.

Personen

OTTO SCHIENDICK, Steward auf der St. Louis
GUSTAV SCHRÖDER, Kapitän der St. Louis
LEO JOCKL, Kellner auf der St. Louis

FRITZ SPANIER
BABETTE SPANIER, seine Frau
AARON POZNER
MAX LOEWE
ELISE LOEWE, seine Frau
OTTO BERGMANN
CHARLOTTE BERGMANN, seine Tante
MAX ABER
RENATA ABER, seine ältere Tochter
EVELYNE ABER, seine jüngere Tochter
MARIANNE BARDELEBEN, ein Kind, etwas älter als Renata

KONSUL HOLTHUSEN, Direktor der HAPAG
MORRIS TROPER, Europadirektor des American Jewish Joint Distribution Committee
HERBERT EMERSON, Mitarbeiter des Internationalen Komitees für politische Flüchtlinge
LUIS CLASING, Direktor der kubanischen Zweigstelle der HAPAG
ROBERT HOFFMAN, sein Stellvertreter
LAREDO BRÚ, Präsident von Kuba
MANUEL BENÍTEZ GONZÁLES, kubanischer Minister für Einwanderung
JUAN REMOS, Außenminister von Kuba

HAUPTMANN GOMEZ
MAJOR GARCÍA, Polizeichef von Havanna
JOSHUA WRIGHT, amerikanischer Botschafter in Kuba
LAWRENCE BERENSON, Anwalt des Jewish Joint Distribution Committee

HENRY MORGENTHAU, Finanzminister der Vereinigten Staaten von Amerika
CORDELL HULL, Außenminister der Vereinigten Staaten von Amerika
JOSEPH KENNEDY, amerikanischer Botschafter in Großbritannien
EIN BRITISCHER STAATSSEKRETÄR

EIN FOTOGRAF IN HAMBURG
EIN POLIZIST IN HAVANNA
EIN FOTOGRAF AUF DER ISLA DE PINOS
GENERAL FULGENCIO BATISTA

Erster Teil: Die Reise

Otto Schiendick allein.

SCHIENDICK. Guten Abend, ich darf mich vorstellen. Mein Name ist Otto Schiendick, und ich bin ein Nazi. – Nein, nicht im übertragenen Sinn. Ich meine nicht, dass ich national gesinnt bin und keine Juden mag, obwohl beides natürlich zutrifft. Ich bin buchstäblich ein Nazi, NSDAP-Mitgliedsnummer 10 653 274. Von Beruf bin ich Steward in der zweiten Klasse der HAPAG-St. Louis, das ist kein Traumberuf, aber keine Sorge, ich steige noch auf, ich bin ja nicht ohne Grund Nazi. Ich bin der NSDAP-Ortsgruppenleiter auf dem Schiff. Sie wussten das vielleicht nicht, aber auch Schiffe haben Ortsgruppen. Den letzten Kapitän habe ich verhaften lassen. Er hat etwas gesagt, was ich nicht wiederholen will, über unseren Führer, jetzt ist er im KZ. Der neue Kapitän, ein steifer Kerl, ich mag ihn gar nicht, der weiß jetzt wenigstens, wie die Dinge liegen. *(Pause.)* Wir schreiben das Jahr 1939. Und sofort schätzen Sie sich glücklich, nicht wahr, dass Sie diese Zeit nicht erlebt haben. Die Gnade der späten Geburt, bla, bla, bla, die Gnade, dass Sie nicht herausfinden müssen, ob Sie auch einer sind wie ich. Ich bin nämlich wirklich ein übler Kerl. Und zwar nicht auf die interessante, die dämonische Art. Nein, ich bin ein kleiner, missgünstiger Wicht, der sich plötzlich rächen kann. Und Sie, begnadet mit später Geburt, denken vielleicht gerade: »Wer weiß, wie ich gehandelt hätte?« Ich verrate Ihnen was: Falls Sie wirklich nicht wissen, wie Sie gehandelt hätten, dann wissen Sie es schon. Dann hätten

Sie gehandelt wie ich. *(Pause.)* Diese Geschichte ist wahr. Uns alle hat es gegeben. Auch mich, den Otto Schiendick. Und alle sind wir jetzt tot, egal, auf welcher Seite wir standen. Nur ist es eben nicht egal. Es ist nie egal, auf welcher Seite einer steht.

—

Das Hamburger Büro des HAPAG-Direktors Holthusen. Vor ihm steht in voller Uniform Kapitän Gustav Schröder.

HOLTHUSEN. Lieber Schröder, wir müssen was besprechen.

SCHRÖDER. Das müssen wir tatsächlich, Konsul Holthusen. Ich soll die St. Louis kommandieren, aber ich verliere jetzt schon die Macht über das Schiff. Von allen Seiten sind politisch motivierte Elemente eingedrungen. Mein Schiffssteward Schiendick –

HOLTHUSEN. Die St. Louis wird keine normale Reise machen. Es wird eine spezielle Fahrt. Wir sind ausgebucht.

SCHRÖDER. Ausgebucht?

HOLTHUSEN. Da staunen Sie, nicht? Tausend Passagiere! Eine spezielle Reise, eine spezielle Verabredung. Ein Handel, den wir treffen konnten. Es sind … Juden.

SCHRÖDER. Bitte?

HOLTHUSEN. Flüchtlinge. Keine Sorge. Ganz normale Leute. Wollen aus Deutschland weg, und das Ministerium hat sich entschlossen, ihre Ausreise zu gestatten.

SCHRÖDER. Einfach so?

HOLTHUSEN. Was weiß ich, das ist Politik, das interessiert uns nicht. Wir betreiben eine Schifffahrtslinie. Die HAPAG braucht Aufträge!

SCHRÖDER. Aber umso eher müssen wir etwas gegen die Unterwanderung der Mannschaft unternehmen! Ich kann nicht ein Schiff mit jüdischen Flüchtlingen füllen und zur gleichen Zeit Elemente in der Crew haben, die meine Passagiere quälen!

HOLTHUSEN. Ach, da braucht man doch nicht so theatralisch –

SCHRÖDER. Das ist nicht theatralisch, Herr Konsul! Und was meinen Steward angeht, den Ortsgruppenleiter, so ist der offenbar entschlossen –

HOLTHUSEN. Reden wir nicht davon.

SCHRÖDER. Aber wir müssen davon reden!

HOLTHUSEN. Nein, Kapitän Schröder, das müssen wir nicht, und das dürfen wir auch gar nicht!

—

Am Steg der St. Louis im Hafen von Hamburg. Babette Spanier und ihr Mann Fritz in festlicher Kleidung.

BABETTE SPANIER. Ein alter Freund der Familie brachte uns zum Kai. Es stellte sich heraus, dass er jetzt bei der SS war, er hatte einen Chauffeur, und sein Auto hatte Hakenkreuz-Wimpel. Wie bizarr, sagte mein Mann noch zu mir. Mein Mann, Dr. Spanier, der bekannte Arzt. Er liebte mich nicht mehr, das wussten wir beide, aber er war anständig, er hatte alles getan, damit wir zu viert das Land verlassen konnten, er und ich und unsere beiden Töchter, nach sechs Jahren Verfolgung. Unser Freund, der uns im Auto zum Kai brachte, sagte zweimal: Ihr seid in Ordnung. Ihr seid nicht wie die anderen, und er meinte die anderen Juden, ihr seid nicht so, und darum brachte er uns selbst zum Kai. Damit euch nichts passiert, sagte er. Wir sagten natürlich danke. Und hatten uns schön angezogen.

FRITZ SPANIER. Denn wir hatten noch unsere Würde. Wir wollten nicht wie arme Flüchtlinge aussehen.

(Aaron Pozner tritt auf. Er hat eine Glatze und sieht abgekämpft aus. Seine Kleider sind zerrissen, er blutet im Gesicht.)

FRITZ SPANIER *(zeigt auf Pozner)*. Wir wollten nicht aussehen wie ... so einer.

POZNER. Ich bin zwei Wochen in Dachau gewesen. Da bin ich viel geschlagen worden, fast verhungert. Meine Familie hält sich versteckt, meine Frau und meine zwei Kinder, ich bin Hebräischlehrer, natürlich kann ich jetzt kein Geld mehr verdienen. Mit den letzten Ersparnissen habe ich diese Überfahrt für mich selbst gebucht. Das ist das Einzige, was ich für meine Familie tun kann. Drüben kann ich arbeiten und Geld verdienen und sie irgendwie nachholen. Das ist die Hoffnung. Die einzige. Wer weiß, ob es geht. Auf dem Weg zum Hafen haben mich Gestapo-Leute zusammengeschlagen. An der Glatze sieht man, dass ich im Lager war. Über Nacht habe ich mich in einer Müllhalde versteckt. Deshalb rieche ich nicht gut. *(Pause.)* Mein Name ist Aaron Pozner. Wir sind keine erfundenen Figuren, und deswegen müssen wir es auch nicht spannend machen. Ich werde meine Frau und die Kinder nie wiedersehen. Nur mein Tagebuch wird überdauern. Deshalb kennt man meine Geschichte.

(Max Loewe und seine Frau Elise treten auf.)

MAX LOEWE. Mein Name ist Max Loewe, ich bin Anwalt, und das ist meine Frau Elise. Ich war im Konzentrationslager, seither hinke ich. Wir haben diese Überfahrt gebucht, aber ich glaube, sie lassen uns nicht fliehen. Sie tun so, aber sie lassen uns nicht, wir kommen nicht mehr heraus aus Deutschland. Das spüre ich.

ELISE LOEWE. Ich wollte nicht gehen. Ich kenne nur Deutschland. Was soll ich anderswo? Ich dachte immer, es geht vorbei wie ein Spuk. Aber dann habe ich gemerkt, Max ist nicht mehr der, der er war. Wenn wir nicht auswandern, stirbt er.

MAX LOEWE. Übrigens werde ich überleben. Auf die kurioseste Weise. Ich werde überleben, weil ich den Punkt erreiche, an dem ich wirklich sterben will. Sie werden sehen.

(Ein Mann mit Fotoapparat tritt auf.)

BABETTE SPANIER. Am Hafen standen Fotografen. Während wir an Bord gingen, machten sie Bilder. Mich und meinen Mann und unsere Töchter fotografierten sie besonders oft, weil wir gut angezogen waren. Der »Stürmer« druckte die Bilder von uns unter der Überschrift: »Eine teuflische Komödie«.

MAX LOEWE *(schlägt eine Zeitung auf und liest vor)*. »Weinende jüdische Emigranten an Bord eines Schiffes, das sie über den Ozean bringt. Es geht ihnen ausgezeichnet. Im Ausland aber markieren sie die ›armen, unschuldig verfolgten Juden‹.«

(Der Fotograf blitzt immer wieder in ihre Gesichter. Kapitän Schröder tritt auf.)

SCHRÖDER *(zum Fotografen)*. Was tun Sie da?

FOTOGRAF. Ich komme vom Propagandaministerium.

SCHRÖDER. Verlassen Sie mein Schiff!

(Der Fotograf zögert.)

SCHRÖDER. Weg mit Ihnen!

(Der Fotograf fletscht die Zähne, hebt die Kamera wie eine Waffe, macht ein Bild von Schröder, weicht zurück und geht.)

POZNER. Als ich an Bord kam, begrüßte mich ein Steward und nahm meine Tasche. Ich dachte, jetzt wird mir die auch noch gestohlen, aber er wollte sie für mich tragen! Dann brachte er mich zu meiner Kabine. Es war wie ein Fiebertraum. Meine eigene Kabine, und unterwegs zu ihr schlug mich niemand, und keiner nannte mich einen Saujuden. Fast hätte ich mich wohlfühlen können. Aber ich musste immer an meine Kinder denken.

—

Konsul Holthusen, allein in seinem HAPAG-Büro, wendet sich an die Zuschauer.

HOLTHUSEN. Bürokratie – die Genehmigung für unsere Reise kommt direkt vom Reichssicherheitshauptamt, einer neuen Behörde, die seit Kurzem von einem jungen Mann namens Adolf Eichmann geführt wird. Das ist nicht das erste Mal. In den letzten zwei Jahren wurde es uns schon zweimal gestattet, Passagierschiffe voller Juden ins Ausland zu bringen, einmal nach Shanghai, einmal nach Südamerika. Gelohnt hat sich das immer.

(Otto Schiendick tritt auf.)

SCHIENDICK. Ich bin nicht nur Steward und Ortsgruppenleiter, ich bin auch Spion. Nicht schlecht, was? Ein richtiger Geheimagent. So was dürfte man nicht erfinden. Ich bin von der Abwehr beauftragt, in Havanna drei Mikrofilme abzuholen, aufs Schiff zu schmuggeln und zurück nach Hamburg zu bringen.

HOLTHUSEN. Bürokratie – unsere jüdischen Passagiere zahlen im Unterschied zu nichtjüdischen Passagieren immer den vollen Preis für ein Retour-Ticket. Einfache Fahrten verkaufen wir nicht an Juden. Das ist unsere Geschäftspolitik. Jedes Mal also zweihundertdreißig Reichsmark zusätzlich für die Rückfahrt. Kaufmännisch ist das ein Coup, weil kein Jude je zurückreisen will, wir verkaufen also bei Weitem die meisten Rückreisetickets an die Leute, die auf keinen Fall zurückkommen! Da wir aber eine korrekte Firma sind, händigen wir den Juden, wenn sie von Bord gehen, eine Bestätigung darüber aus, dass die für ihr Rückfahrtticket bezahlte Summe auf einem Sperrkonto liegt, zu dem sie selbstverständlich vollen Zugang erhalten. Sobald sie nach Deutschland zurückkehren.

SCHIENDICK. Was sie nie tun werden!

HOLTHUSEN. Das ist ihre Sache. Wenn sie zurückwollen, haben sie jedenfalls ein Ticket. Wenn sie nicht zurückwollen, können sie zurückkommen, natürlich nicht mit unserem Ticket, und sich das nicht benützte Ticket erstatten lassen. Also: vierhundert Passagiere erster Klasse, jeder zahlt achthundert Reichsmark, dazu fünfhundert Passagiere Touristenklasse für sechshundert Reichsmark pro Kopf. In Zeiten, da die Leute wegen der Weltlage nicht so gerne reisen, ein Profit, den wir als Unternehmen gar nicht ausschlagen können!

(Man hört ein Telefon läuten. Schiendick geht ab.)

HOLTHUSEN. Holthusen hier.

(Morris Troper tritt auf.)

TROPER. Hier spricht Morris Troper. *(Zum Publikum.)* Europadirektor des »American Jewish Joint Distribution Committee«. Wir helfen Flüchtlingen.

HOLTHUSEN *(unwillkürlich).* Verdammt. *(Bemüht freundlich.)* Oh, Herr Troper! Wie ist das Wetter in London?

TROPER. Hab noch nicht aus dem Fenster gesehen. Sagen Sie, Holthusen, Ihr Schiff da, darf das in Kuba auch anlegen?

HOLTHUSEN. Warum sollte das Schiff nicht in Kuba anlegen dürfen?

TROPER. Vielleicht, weil tausend Flüchtlinge an Bord sind?

HOLTHUSEN. Und?

TROPER. Das heißt, Sie sind sich sicher?

HOLTHUSEN. Sicher. Ich meine, sicher bin ich mir sicher. Ich bin mir sicher, dass wir anlegen dürfen. *(Pause.)* Oder haben Sie was gehört?

TROPER. Was gehört?

HOLTHUSEN. Sie haben was gehört?

TROPER. Was soll ich gehört haben?

HOLTHUSEN. Das weiß ich doch nicht. Haben Sie was gehört?

TROPER. Es sind noch nie tausend Flüchtlinge auf einmal in Kuba an Land gegangen. Und diese Menschen sind völlig mittellos, Deutschland und die HAPAG haben ihnen alles abgenommen.

HOLTHUSEN. Das sind die Bestimmungen!

TROPER. Zehn Reichsmark pro Person, alles andere wird konfisziert. Wie würden Sie das nennen? Und wer aufs

Schiff will, muss noch 230 Reichsmark in Bordgeld umtauschen, um für Essen und Trinken zu bezahlen.

HOLTHUSEN. Es ist gängige Praxis auf Passagierschiffen, dass man Bordgeld umtauschen muss.

TROPER. Ja, und es ist auch gängige Praxis, dass man das Bordgeld, das man nicht ausgegeben hat, bei der Ankunft wieder zurück umtauschen kann.

HOLTHUSEN. Ja, aber hier haben wir unsere eigenen Regeln. Ein Rückumtausch ist nicht vorgesehen. Herr Troper, ich versichere Ihnen, es gibt keinen Grund zur Besorgnis. Wir haben das beste Verhältnis zur kubanischen Regierung. Die Passagiere werden in Sicherheit an Land gehen. »Mit der HAPAG reist man gut.«

TROPER. Was haben Sie gesagt?

HOLTHUSEN. Unser Motto. »Mit der HAPAG reist man gut.« Schönen Tag, Herr Troper. *(Er geht ab.)*

Troper macht einen neuen Anruf. Herbert Emerson tritt auf.

EMERSON *(zum Publikum)*. Herbert Emerson vom »Internationalen Komitee für politische Flüchtlinge«.

TROPER. Troper hier. Tausend Passagiere, auf dem Weg nach Kuba.

EMERSON. Scheiße!

TROPER. Wir müssen froh sein über jeden, der die deutsche Hölle verlassen darf.

EMERSON. Weiß Gott, das bin ich. Aber ich sage Ihnen, Tausend auf einmal, und dann noch in Kuba ... Das wird schwierig!

TROPER. Holthusen sagt, die HAPAG hat dort gute Beziehungen.

EMERSON *(zum Publikum)*. Vor zwei Jahren haben wir mit Hitler selbst darüber verhandelt, 150 000 Juden aus den Konzentrationslagern freizukaufen. Hitler wollte eineinhalb Milliarden Reichsmark, bezahlt vom Weltjudentum. Hat nicht geklappt. Das Weltjudentum war schwer erreichbar. Außerdem wollte kein Land so viele Menschen aufnehmen.

TROPER. Aber Tausend, das ist überschaubar. Wenn wir Tausend rauskriegen, haben wir tausend Leben gerettet!

EMERSON. Ich sage Ihnen, das gibt Probleme.

TROPER. Wir müssen versuchen, der HAPAG zu helfen. Unser New Yorker Büro hat einen sehr guten Anwalt, Berenson, ich werde ihn gleich informieren. Da kann man nichts machen: Wir ziehen jetzt am gleichen Strang wie diese geldgierigen Verbrecher.

(Beide gehen ab.)

Kapitän Schröder an seinem Schreibtisch auf dem Schiff. Er ist konzentriert und angespannt, offenbar innerlich vorbereitet auf eine Konfrontation. Es klopft.

SCHRÖDER. Herein.

(Der Kellner Leo Jockl tritt auf. Er trägt ein Tablett mit einer Kaffeekanne und einer Tasse. Schröder hat offensichtlich jemand anderen erwartet.)

SCHRÖDER. Ach, Sie sind's, Herr Jockl.

JOCKL. Kaffee, Herr Kapitän?

SCHRÖDER. Danke, später. Ich muss mich konzentrieren.

(Jockl nickt und will hinausgehen.)

SCHRÖDER. Herr Jockl!

(Jockl hält inne.)

SCHRÖDER. Wir kennen uns jetzt eine Weile.

JOCKL. Zwei Jahre, Herr Kapitän. Wir waren auf drei Schiffen zusammen.

SCHRÖDER. Ich wollte Ihnen sagen, dass es Gerüchte gibt. Und ich wollte sagen: Keine Sorge. Sie sind hier sicher.

(Jockl fällt vor Überraschung beinahe das Tablett zu Boden. Er beginnt zu weinen.)

SCHRÖDER *(peinlich berührt)*. Na, na. Ich bitte Sie.

JOCKL. Entschuldigen Sie, es ist ... Ich habe so lange ... Ich hab es so lange keinem sagen können ...! *(Mit einer Gewaltanstrengung beruhigt er sich.)*

SCHRÖDER. Von mir erfährt es keiner.

JOCKL. Ist es wegen meiner Nase?

SCHRÖDER. Was? Mein Gott, nein, Herr Jockl, natürlich ist es nicht Ihre ... Sie sind einfach nicht gut darin, etwas geheim zu halten. Wer ein Schiff kommandiert, erwirbt ein bisschen Menschenkenntnis. Das geht nicht anders. Man wird aufmerksam. *(Pause.)* Wenn ich Ihnen einen Rat geben darf, sagen Sie wirklich niemandem, dass Sie Jude sind. Absolut niemandem! Auch nicht den Passagieren. Ein Geheimnis ist nur sicher, wenn wirklich keiner davon weiß. Und ich habe noch einen Rat. Gehen Sie in Havanna von Bord. Bleiben Sie drüben.

JOCKL. Ich mag es in Deutschland, Herr Kapitän. Ich bin Deutscher. Ich mag Schnee im Winter, ich mag Leberknödel und Rouladen. Ich mag die Romane von Fontane. Was soll ich in Kuba?

SCHRÖDER. Sie können von dort in die USA.

JOCKL. Was soll ich in den USA?

SCHRÖDER. Sie denken, dass es einfach vorbeigeht?

JOCKL. Herr Kapitän, man muss an die Zukunft glauben. Was hab ich sonst?

(Jockl geht ab. Schröder bleibt allein. Nach ein paar Sekunden klopft es.)

SCHRÖDER. Herein.

(Otto Schiendick tritt auf.)

SCHRÖDER. Das hat zu lange gedauert! Wenn ich Sie das nächste Mal rufen lasse, kommen Sie gleich. Und jetzt erklären Sie mir, warum Sie versucht haben, auf meinem Schiff eine Atmosphäre der Meuterei zu erzeugen.

(Pause. Schiendick ist überrumpelt.)

SCHRÖDER. Ich brauche Ihnen nicht zu erklären, dass Sie dafür nach internationalem Seerecht zum Tode verurteilt werden können. *(Zum Publikum.)* Ich bluffe. Kein deutsches Gericht würde einen NSDAP-Ortsgruppenleiter für so was verurteilen.

SCHIENDICK *(zum Publikum)*. Er blufft. Kein deutsches Gericht würde mich verurteilen.

SCHRÖDER. Wir sind erst einen Tag unterwegs, und schon liegen mir Beschwerden der Passagiere über Sie vor.

SCHIENDICK. Ja, aber das sind Juden!

SCHRÖDER. Mir liegen Beschwerden vor, dass Sie Menschen bedroht und beschimpft haben.

SCHIENDICK. Juden!

SCHRÖDER. Wir haben einen Auftrag, und den erfüllen wir, und es ist Teil unseres Auftrags, diese Passagiere so zu behandeln, wie wir alle Passagiere behandeln. Ich werde nicht dulden, dass Sie die Anweisungen der HAPAG und Ihres Kapitäns ignorieren.

SCHIENDICK. Ich bin der Ortsgruppenleiter. Ich bin Ihnen nicht unterstellt.

SCHRÖDER. Ich werde keine Sekunde zögern, Sie vor Gericht zu bringen! Ich kann an Ort und Stelle ein Urteil fällen. Noch ist das Seerecht nicht ausgesetzt.

SCHIENDICK. Das können Sie, aber …

SCHRÖDER. Ja?

SCHIENDICK. Aber sobald das Schiff nach Deutschland zurückkommt, müssen Sie sich verantworten.

SCHRÖDER. Das nehme ich in Kauf.

SCHIENDICK. Wirklich?

SCHRÖDER. Wollen Sie es drauf ankommen lassen?

(Schiendick antwortet nicht. Er ist nun doch verunsichert.)

SCHRÖDER. Also, Steward Schiendick, kann ich damit rechnen, dass von jetzt an alle Schikanen gegenüber den Passagieren unterbleiben?

(Schiendick senkt den Kopf.)

SCHRÖDER. Ich höre nichts.

SCHIENDICK *(leise)*. Das können Sie.

SCHRÖDER. Das können Sie – und …?

SCHIENDICK. Das können Sie, Herr Kapitän.

SCHRÖDER. Danke, Schiendick, abtreten. *(Zum Publikum.)* Ich bin völlig machtlos gegen ihn, aber zum Glück ist er feige.

SCHIENDICK *(zum Publikum)*. Das Schwein kann mir gar nichts tun, aber wenn er mich einsperrt, hab ich in Havanna keinen Landurlaub und kann die Mikrofilme nicht holen. Ich darf meinen Auftrag nicht gefährden.

Zweiter Teil: Havanna

Die Beleuchtung wird warm und südlich. Wir sind in Kuba. Manuel Benítez tritt auf.

BENÍTEZ. Manuel Benítez González, Minister für Einwanderung. Wer zu uns nach Kuba kommt, entscheide ich. Und zum großen Glück vieler Verfolgter auf dieser Welt bin ich bestechlich. Unser Land ist überfüllt, so unsere offizielle Position. Aber meine inoffizielle Position lautet: Ich, Minister Manuel Benítez, nehme Geld. In den letzten Monaten habe ich viertausend private Landegenehmigungen unterschrieben. Keine Visa, das darf ich nicht. Landegenehmigungen! Für jede einzelne bekomme ich hundertfünfzig Dollar.

(Er zeigt ein sehr offiziell aussehendes Papier mit zahlreichen Stempeln.)

BENÍTEZ. Dieser Schein erlaubt es seinem Besitzer, in Kuba an Land zu gehen. Nicht zu bleiben. Aber an Land zu gehen! Und hier zu warten bis zur Ausstellung eines Visums durch die USA oder ein anderes Land. Sehen Sie, es gibt einen Briefkopf, und Stempel gibt es, und natürlich gibt es eine Unterschrift. Die ist von mir und kostet hundertfünfzig. Und bevor Sie fragen: Dieser Schein war nirgendwo vorgesehen. Ich habe ihn erfunden.

(Luis Clasing, Direktor der HAPAG-Zweigstelle in Kuba, tritt auf. Er ist ein etwas steifer Deutscher und trägt einen kleinen Aktenkoffer.)

CLASING. Minister Benítez!

BENÍTEZ. Señor Clasing von der HAPAG. Was führt Sie zu mir?

(Clasing zögert einen Moment, gibt Benítez den Koffer. Benítez lässt die Verschlüsse aufschnappen, öffnet ihn und sieht kurz hinein. Der Koffer ist voller Banknoten. Benítez schließt den Koffer wieder.)

CLASING. Ist damit sichergestellt, dass die tausend Passagiere von Bord dürfen?

BENÍTEZ. Natürlich!

CLASING. Und was ist damit?

(Er holt ein Blatt Papier hervor und reicht es Benítez. Der liest.)

CLASING. Präsidentialdekret 937.

BENÍTEZ. Ist gar nichts wert.

CLASING *(sichtlich erschrocken, will es sich aber nicht anmerken lassen)*. Da steht, dass kein einziger Flüchtling mehr nach Kuba darf. Unterschrieben vom Präsidenten. *(Er zerknüllt das Papier und wirft es weg.)*

BENÍTEZ. Der Präsident will nur seinen Anteil!

CLASING. Ich hoffe, Sie haben recht.

BENÍTEZ. Also, was können Sie ihm bezahlen?

CLASING. Wir? Ich schlage vor, dass Sie mit ihm handelseinig werden über … *(Er zeigt auf den Aktenkoffer mit dem Geld.)*

BENÍTEZ. Unmöglich, das ist meines, für meine Ausgaben, das brauche ich. Die HAPAG müsste den Präsidenten direkt bezahlen. Wie wäre es etwa mit … einer Viertelmillion?

CLASING. Machen Sie Witze?

BENÍTEZ. Ist ja nicht für mich, ist für den Präsidenten. Ein Präsident kostet schon mehr als ein Minister. Ich kenne ihn lange, und ich garantiere Ihnen, bei so einer Summe wird er schwach.

CLASING. Kommt nicht in Frage! Wir bezahlen Sie, damit Sie die bürokratischen Hindernisse ausräumen. Wenn wir den Präsidenten auch noch bezahlen, warum sollten wir dann noch eine Absprache mit Ihnen haben?

BENÍTEZ *(zum Publikum)*. Schade. Der Präsident wäre mit 125 000 zufrieden gewesen, die andere Hälfte hätte ich behalten, die Flüchtlinge hätten landen können, alle wären zufrieden, die Geschichte wäre zu Ende, und wir würden heute Abend ein anderes Stück spielen.

CLASING. Señor Benítez, unser Unternehmen hat Ihnen für die Landegenehmigungen ein Vermögen bezahlt. Wenn die nun gar nichts mehr wert sind, müssen wir Rückforderungen stellen.

BENÍTEZ. Was glauben Sie, mit wem Sie reden! Ich bin ein geduldiger Mann, aber ich habe meinen Stolz, und ich lasse mich nicht von einem Ausländer beleidigen. Alle Hindernisse werden ausgeräumt! Warten Sie ab.

—

Laredo Brú, der Präsident von Kuba, allein auf der Bühne.

BRÚ. Mein Name ist Laredo Brú, ich bin der demokratisch … der mehr oder weniger demokratisch gewählte Präsident der Republik Kuba. Sie denken jetzt, ich bin ein hartherziger Mann, Sie denken: Die armen Leute auf dem Schiff, warum lässt er sie nicht einfach herein! Aber bedenken Sie, es gibt Millionen Juden, die Deutschland verlassen wollen! Wenn ich dieses Schiff anlegen lasse, was ist dann mit dem nächsten Schiff? Bei welchem Schiff muss ich sagen, es ist das letzte? Welches lasse ich nicht mehr anlegen? Da ich früher oder später, und wahrscheinlich eher früher, zu irgendeinem Schiff nein sagen muss, warum nicht gleich zu diesem Schiff? Bedenken Sie auch: Kuba ist ein armes Land. Die Arbeitslosigkeit ist hoch, wie sollen wir diese Leute ernähren, keiner von denen hat einen Heller, man nimmt ihnen ja alles ab! Ist es unsere Schuld, dass Deutschland ihnen alles abnimmt? Und bedenken Sie auch: Wir haben mehr Flüchtlinge aufgenommen als jedes andere Land der Erde. Ach, das wussten Sie nicht? Na, so was. Noch mal: Wir haben mehr Flüchtlinge aufgenommen als die Vereinigten Staaten! Und plötzlich ist das ein großes Thema in unseren Zeitungen, Tag für Tag: All die Juden, heißt es da, sie zerstören unser Land, sie bringen uns an den Bettelstab, jeden Tag! Ja, es ist übertrieben, das weiß ich, die Juden bringen uns keineswegs an den Bettelstab, aber ich weiß auch, dass ich Wahlen gewinnen muss! Und ja, mir ist bewusst, dass diese Artikel von der deutschen Propaganda gestreut werden, die Journalisten werden aus Deutschland dafür bezahlt, dass sie dieses Zeug schreiben! Aber das ändert gar nichts, dass ich das weiß. Solche Artikel sind ein Faktum, egal, woher sie kommen. Und es ist ein Faktum, dass ich Wahlen gewinnen muss. *(Benítez tritt auf.)*

BENÍTEZ. Exzellenz, mein Anliegen –

BRÚ. Lieber Benítez, Sie sind einer unserer verdientesten Minister, aber –

BENÍTEZ. Im Ernst?

BRÚ. Natürlich nicht, Sie Trottel, wenn Sie nicht ein Protegé von General Batista wären, hätte ich Sie schon vor langer Zeit verhaften lassen.

BENÍTEZ *(kämpft mit seinem Stolz, überwindet die Kränkung, spricht weiter, als wäre nichts geschehen).* Exzellenz, ich komme wegen dem Schiff, der St. Louis. Es gibt sehr gute Gründe –

BRÚ. Na gut, was für Gründe genau? Haben Sie ein Angebot zu machen?

(Benítez ist überrumpelt.)

BRÚ. Ein konkretes Angebot von der HAPAG, gibt es eines?

BENÍTEZ *(unsicher, ob Brú wirklich bestochen werden will oder ob er ihm eine Falle stellt.)* Nicht ... zu diesem Zeitpunkt.

(Pause. Brú zögert einen Moment zu lang, bevor er antwortet.)

BRÚ. Es hätte auch nichts geändert. Ich kann und werde das Dekret nicht zurücknehmen. Kein Flüchtling geht in Kuba an Land.

BENÍTEZ. Aber Exzellenz ...

BRÚ. Auf Wiedersehen, Minister!

(Benítez will antworten, aber Brú kommt ihm zuvor und geht ab.)

—

Benítez trifft Luis Clasing und dessen Stellvertreter Robert Hoffman.

BENÍTEZ. Alles im Griff, meine Herren! Der Präsident spielt das politische Spiel, aber das können andere ebenso gut.

CLASING. Was heißt das bitte?

BENÍTEZ. Señor Clasing, Sie sind wie ein ewiger Urlauber. Sie verstehen Kuba nicht.

HOFFMAN *(auflachend).* Das stimmt.

(Clasing sieht Hoffman wütend an.)

HOFFMAN *(zu Benítez).* Robert Hoffman, sein Stellvertreter. In allen wichtigen Angelegenheiten sprechen Sie bitte mit mir. *(Zum Publikum.)* Sie sind jetzt vielleicht verwirrt. Warum denn mit dem Stellvertreter, fragen Sie, warum nicht mit dem Chef? Nun, ich bin der Leiter der deutschen Abwehr in Kuba. Der ranghöchste deutsche Agent im Land. Das ist natürlich geheim, aber ... nun ja ... nicht sehr geheim. Und ich brauche dieses Schiff, weil es meine Mikrofilme übers Meer bringen soll. Diese Filme sind kriegsentscheidend, sie zeigen die Baupläne amerikanischer Flugzeugträger, zeigen, wo ein Torpedo treffen muss, um sie zu versenken, und so weiter. Und bevor Sie sich jetzt ärgern und sagen: Bitte keine Mikrofilme in dieser Geschichte, das ist ja lächerlich, warum erfindet man so was, muss ich Sie daran erinnern, dass alles wahr ist.

CLASING. Wir geben diesem Mann keinen Pfennig mehr, bevor wir Resultate sehen.

HOFFMAN. Machen Sie, was Sie wollen, mich interessiert nur, dass das Schiff anlegen kann.

BENÍTEZ. Sie müssen sich keine Sorgen machen, meine Herren! Meine bereits ausgestellten Landegenehmigungen bleiben gültig. Dekret 937 verbietet mir nur die Ausstellung neuer Genehmigungen! Alle Passagiere können von Bord.

HOFFMAN. Sicher?

BENÍTEZ. Das ist Kuba. Jedes Dekret hat seinen Spielraum.

—

Max Aber allein auf der Bühne.

ABER. Mein Name ist Max Aber. Meine Kinder sind auf diesem Schiff. All diese Männer, diese eitlen, bestechlichen, selbstsüchtigen Männer, sie haben Gewalt über meine Mädchen. Renata ist sieben, Evelyne ist fünf. Sie sind ganz allein.

(Die zwei Mädchen treten auf.)

ABER. Ich bin Hautarzt. Ich durfte seit Jahren keine Arier mehr behandeln, aber ich bin ein guter Hautarzt, und SS-Männer haben oft Geschlechtskrankheiten. Sie bezahlten mich heimlich, das Geld habe ich aufgehoben, ein Freund von mir hat es nach Paris geschmuggelt und in meinem Namen auf die Bank gebracht. Zweimal hat er es geschafft, zusammen achthundert Dollar, beim dritten Mal wurde er beim Grenzübertritt durchsucht, er hat mich nicht verraten, er starb im KZ. Wie soll man nach so etwas weiterleben? Aber ich habe weitergelebt, ich muss ja, ich habe zwei Mädchen. Ich bin geflohen. Bis nach New York. Das hat fünfhundert Dollar gekostet, also habe ich noch dreihundert. Ich stehe auf der Warteliste für ein US-Visum, aber zum Warten muss man die USA verlassen, so ist das Gesetz, warum, weiß keiner. Deshalb ging ich nach Kuba. Dann wollte ich meine Familie nachholen. Ich schrieb meiner Frau, sie antwortete, dass sie jemanden kennengelernt hatte. Sie ist nicht jüdisch. Er auch nicht. Wer könnte ihr Vorwürfe machen. Der Albtraum war für sie vorbei. Aber meine Mädchen hatte sie ins Kinderheim gebracht.

(Während er spricht, spielen Renata und Evelyne miteinander, schichten Bauklötze auf, drehen einen Kreisel.)

ABER. Ich schrieb ihr Briefe. Ihre Antworten waren kurz. Ich schrieb mehr Briefe, sie antwortete gar nicht mehr. Ich beantragte für die Mädchen kubanische Visa, ich buchte eine Überfahrt auf der St. Louis. Bitte, bitte, schrieb ich ihr, bei allem, was heilig und gut ist, ich flehe dich an, bring sie auf das Schiff! Schließlich antwortete sie, kühl wie immer: Ja, gut, Evelyne und Renata sind auf der St. Louis. *(Pause.)* Aber wer kümmert sich? Wer schneidet ihnen das Essen klein und liest ihnen abends vor und badet sie, wenn sie schmutzig sind? Es wird schon gehen, sage ich mir. Anderen geht es viel schlimmer. Wir sind die, die Glück hatten. Es muss gehen. *(Pause.)* Ich habe kein Geld mehr. Ich darf in Kuba nicht arbeiten. Ich warte auf meine Mädchen. Ich warte und warte, und die Angst bringt mich fast um, während die eitlen, geldgierigen Männer verhandeln.

—

Aaron Pozner sitzt unbehaglich auf einem Deckstuhl. Leo Jockl kommt mit einem Tablett heran.

JOCKL. Kaffee?
(Pozner zuckt zusammen.)
JOCKL. Entschuldigung.
POZNER. Nein, nein. Nichts. Danke.
JOCKL. Möchten Sie lieber Tee?
POZNER. Diese ganze Komödie. Erst verbieten Sie uns das Arbeiten, dann schlagen Sie uns zusammen, dann sperren Sie uns ein, dann rauben Sie uns aus, und dann vertreiben Sie uns. Aber auf dem Weg hinaus behandeln

Sie uns, wie es sich bei Passagieren ziemt. Jeden Abend drei Hauptgerichte zur Wahl. Kaffee am Nachmittag. Das frisch gemachte Bett. Danke schön.

JOCKL *(erschüttert)*. Ich habe Sie nicht eingesperrt. Ich habe Sie nicht ausgeraubt.

POZNER. Sie sind Deutscher.

JOCKL *(stellt das Tablett hin und setzt sich neben Pozners Deckstuhl auf den Boden)*. War es schlimm im Lager?

(Pozner sieht ihn an. Lange Pause. Jockl wird klar, wie ungehörig diese Frage war.)

JOCKL. Bitte entschuldigen Sie, ich wollte nur ... Entschuldigung!

POZNER *(leise)*. Im Lager ist alles verdreht. Es ist, als wäre nicht man selbst verrückt, sondern die Welt. Alles, was falsch ist, ist plötzlich richtig. Alles, was richtig ist, ist falsch. Alles, was Gott verboten hat, ist Gesetz. Alles, was Gott vorschreibt, ist verboten.

(Jockl schenkt schweigend Kaffee ein und gibt Pozner die Tasse. Pozner trinkt. Jockl schenkt – ganz gegen die Regeln – sich selbst eine Tasse ein.)

JOCKL. Entschuldigen Sie. Die Frage stand mir nicht zu.

POZNER. Nein.

(Neben ihnen – aber von ihnen zunächst kaum beachtet – spielen immer noch Renata und Evelyne Aber. Sie kichern und verstecken sich in einem Winkel. Evelyne hält ein tropfendes Stück Seife in der Hand.)

EVELYNE. Er ist ausgerutscht!

RENATA. Einfach hingefallen.

(Sie können sich vor Lachen gar nicht erholen. Marianne Bardeleben tritt auf, ein drittes Kind, etwas älter als die beiden.)

MARIANNE. Was habt ihr gemacht?

RENATA. Wir haben den Holzboden auf dem Flur eingeseift.

EVELYNE. Du hättest das sehen müssen! Der Steward ist hingefallen …! Ich bin Evelyne.

MARIANNE. Ich weiß, ich hab euch schon gesehen. Ihr reist allein, nicht?

RENATA. Ich bin Renata. Ja, wir sind allein. Aber hier ist es besser als im Heim.

EVELYNE. Die Schwestern haben alle Kinder geschlagen, aber uns besonders, weil wir Halbjuden sind. In Kuba wartet unser Papa.

MARIANNE. Mein Papa wartet auch in Kuba. Er ist vorausgereist, jetzt hatte er das Geld beisammen, Mama und ich kommen nach.

(Pozner hat kurz zu den Mädchen hinübergesehen, sich dann aber schnell abgewendet.)

POZNER. Ich denke immer an meine Kinder. Immer frage ich mich, ob ich sie wiedersehe. Wenn ich aufwache, gibt es manchmal einen Moment, wo ich noch nichts weiß, und da herrscht Frieden. Dann fällt es mir ein, dann denke ich an meine Kinder, und der Rest des Tages ist die Hölle. Manchmal denke ich, dass der Tod besser wäre als die ständige Ungewissheit. Aber ich darf ja nicht sterben, ich muss meinen Kindern helfen.

(Er begräbt das Gesicht in den Händen. Jockl möchte ihm eine Hand auf die Schulter legen, aber er wagt es nicht.)

JOCKL. Es kommen bessere Zeiten.

POZNER. Ja, aber besser für wen?

(Drüben haben sich die Mädchen angefreundet.)

RENATA. Wollen wir noch mehr vom Parkett einseifen, kommst du mit?

MARIANNE. Ich trau mich nicht. Mama sagt, in der Crew gibt es Nazis.

(Die Mädchen gehen ab. Pozner hat sich wieder gefasst. Jockl betrachtet ihn in tiefer Verstörung. Er ist nahe daran, ihm sein Geheimnis zu erzählen.)

JOCKL. Jedenfalls ist Ihre Qual vorbei, Herr Pozner. Sie sind nicht mehr unter Feinden. In Havanna werden Sie frei und sicher sein. Dann kommt Ihre Familie nach.

POZNER. Darf ich Ihnen einen Witz erzählen?

JOCKL *(überrascht)*. Gerne.

POZNER. Ein alter Jude sitzt auf einer Parkbank. Ein Vogel kackt ihm auf den Kopf. Er blickt auf und sagt nachdenklich: »Aber für die Gojim singen Sie.«

(Pause. Der Witz stimmt Jockl traurig.)

POZNER. Um das zu verstehen, müssten Sie einer von uns sein. *(Er steht auf.)* Sie sind ein anständiger Mensch. Aber es hilft nichts, Sie stehen auf der falschen Seite. Um zu wissen, wie es ist, wenn einem das angetan wird, was man uns antut, müssten Sie es erleben. Danke für den Kaffee. *(Er geht ab.)*

(Jockl steht zögernd auf, stellt die Tassen aufs Tablett und will es hinaustragen. Plötzlich aber übermannt ihn die Wut, und er schleudert das Tablett mit Kanne und Tassen vor sich auf den Boden. Das Porzellan zerbricht klirrend.)

—

Kapitän Schröder an seinem Schreibtisch. Es klopft.

SCHRÖDER. Herein!
(Fritz Spanier tritt auf.)

SCHRÖDER. Danke, dass Sie gleich gekommen sind, Dr. Spanier. Geht es Ihnen gut? Und der Familie?

FRITZ SPANIER *(kühl)*. Den Umständen entsprechend.

SCHRÖDER. Ich komme gleich zur Sache. Ich brauche … Es ist heikel. Ich brauche Ansprechpartner unter den Passagieren.

FRITZ SPANIER. Sie meinen Verbündete?

SCHRÖDER. Ich meine Leute, denen die Passagiere vertrauen. Falls es Probleme gibt.

FRITZ SPANIER. Probleme?
(Schröder nickt. Fritz Spanier braucht einen Moment, dann begreift er.)

FRITZ SPANIER *(mühsam gefasst)*. Müssen wir nach Deutschland zurück?

SCHRÖDER. Ich gebe Ihnen mein Wort, dass ich mein Äußerstes tun werde, damit es nicht dazu kommt. Ich habe ein Telegramm aus Hamburg bekommen. Der kubanische Präsident hat ein Dekret erlassen. Es ist nicht sicher, dass wir den Hafen anlaufen dürfen. Ich schlage vor, dass Sie ein Komitee gründen.

FRITZ SPANIER. Warum ich?

SCHRÖDER. Ich habe mich unter den Passagieren umgesehen. Und Sie halte ich für einen vernünftigen Mann.

FRITZ SPANIER. Was tun Sie, wenn wir nicht einlaufen dürfen?

SCHRÖDER. Dann warte ich auf Instruktionen aus Hamburg.

FRITZ SPANIER *(mit äußerster Mühe seine Gefasstheit wahrend).* Und wenn Hamburg uns nach Deutschland zurückbeordert?

(Pause.)

SCHRÖDER. Ich weiß es auch nicht, Herr Doktor.

—

Max und Elise Loewe stehen an Deck.

ELISE LOEWE. Diese Seeluft. Ich kriege nie genug davon.

MAX LOEWE. Sei vorsichtig. Ich habe das Gefühl, sie liegt zu schwer in der Lunge.

ELISE LOEWE. So etwas gibt es nicht. Luft, die zu schwer in der Lunge –

MAX LOEWE. Es gibt jetzt viel, was es früher nicht gegeben hat. Ich habe geträumt, dass das Schiff untergeht. Sirenen und Geschrei und Rettungsboote, du kannst dir das Chaos nicht vorstellen, und dann haben sie die Hakenkreuzflagge gehisst, und als ich aufgewacht bin, heute Morgen, kam ich am Mannschaftsquartier vorbei, und da hing tatsächlich eine Hakenkreuzfahne an der Wand. Du kannst nachschauen. Sie ist wirklich da!

ELISE LOEWE. Wir sind bald in Kuba!

(Otto Bergmann und seine Tante Charlotte treten auf, eine Dame in den Siebzigern.)

BERGMANN. Lass uns nach vorne gehen, Tante Charlotte. Die gute Luft!

TANTE CHARLOTTE. Ich bin jetzt schon seekrank.

BERGMANN. Seekrankheit wird besser an Deck.

TANTE CHARLOTTE. Das ist Propaganda. Das behaupten

die Schifffahrtsunternehmen, damit man auf ihre dummen Schiffe kommt. Wenn sie die Wahrheit sagen würden, dass man nämlich auf jedem Schiff immer seekrank ist, an Deck und darunter, dann würde das doch keiner machen. Mir ist schlecht. Ich konnte kein Essen anrühren.

BERGMANN. Aber gerade hast du ganz schön viel gegessen!

TANTE CHARLOTTE. Ungenießbar. Ein schrecklicher Koch.

BERGMANN. Wir sind ja nicht zum Vergnügen hier.

TANTE CHARLOTTE. Musst du mir nicht sagen. Havanna. Oiwei.

BERGMANN. Und das vorhin, das war auch nicht richtig, Tante. Man lässt sich nicht alle Gerichte bringen, schaut sie an, entscheidet, was man essen will, und lässt den Rest zurückgehen. Man entscheidet vorher, was –

TANTE CHARLOTTE. Ja, wie soll ich denn wissen, was ich will, wenn ich es nicht sehe! Komm, ich muss wieder runtergehen, der Wind macht mir Kopfschmerzen.

BERGMANN. Aber –

TANTE CHARLOTTE. Hör auf deine Tante, da kannst du noch was lernen.

(Die beiden gehen ab. Max und Elise Loewe sehen ihnen nach.)

ELISE LOEWE. Ich frage mich, wie es meiner Mutter geht. Seit drei Monaten kein Brief. Sie kann doch nicht für sich selbst sorgen.

(Max Loewe stöhnt. Erschrocken legt sie ihm den Arm um die Schultern.)

ELISE LOEWE. Mein Liebster, entschuldige!

MAX LOEWE. Aber du hast ja recht!

ELISE LOEWE. Nein, ich hätte sie nicht erwähnen … Ich hätte nichts sagen dürfen, was dich noch mehr beunruhigt. Ich weiß doch, wie schlimm alles für dich ist. Komm, Liebster.

(Er seufzt. Sie führt ihn wie ein Kind.)

MAX LOEWE. Dieses Schiff ist so groß. In meinem Traum …

ELISE LOEWE. Denk nicht mehr dran. Komm. Hier lang, und jetzt geht es hier hinein, glaube ich.

(Sie öffnet eine Tür, aber es ist die falsche. Eine Gruppe von Männern wird sichtbar, die das Horst-Wessel-Lied singt. Unter ihnen ist Otto Schiendick. Als die beiden hereinkommen, singen die Männer noch ein paar Takte, dann verstummen sie.)

EIN MANN. Raus!

EIN ANDERER MANN. Juden raus!

ELISE LOEWE. Entschuldigung, wir haben die falsche Tür …

(Otto Schiendick tritt drohend auf sie zu.)

SCHIENDICK. Und ob du das hast, Judensau. *(Er packt sie am Arm.)*

(Sie erstarrt.)

SCHIENDICK. Hau ab, bevor ich mich vergesse.

(Sie wollen hinausgehen, aber Schiendick hält sie fest.)

SCHIENDICK. Hau ab, sage ich!

(Aber sie kann nicht, denn er hält sie. Er macht mit der anderen Hand eine Dirigierbewegung, sofort beginnen die Männer wieder zu singen: »Wenn das Judenblut vom Messer spritzt …« Erst nach einer Strophe lässt Schiendick Elise Loewe los. Sie zieht ihren Mann mit sich, die beiden taumeln hinaus und schlagen die Tür hinter sich zu.)

—

Präsident Brú ruft Luis Clasing an.

CLASING. Exzellenz?

BRÚ. Herr Clasing, ich möchte die HAPAG davon informieren, dass ich der St. Louis nicht erlauben werde, am Pier anzulegen.

CLASING. Bei allem Respekt, das wäre eine Katastrophe!

BRÚ. Das Schiff darf allerdings draußen an der Reede ankern, um neue Vorräte aufzunehmen.

CLASING. Was hat das zu bedeuten?

(Brú legt auf.)

CLASING. Was hat das zu bedeuten?

—

Luis Clasing und Robert Hoffman beraten sich mit Manuel Benítez Gonzáles, dem Minister für Einwanderung.

BENÍTEZ. Lieber Freund, das bedeutet, dass er zurückrudert. Der Präsident muss das Gesicht wahren. Die Passagiere sind so gut wie an Land.

HOFFMAN. Sie sind aber optimistisch!

BENÍTEZ. Ich bin Kubaner. Im Unterschied zu Ihnen verstehe ich dieses Land.

—

Das Horn des Schiffes ertönt. Babette und Fritz Spanier, Otto Bergmann und seine Tante Charlotte sowie die Kinder Renata, Evelyne und Marianne stehen an der Reling. Nach kurzem kommt noch Leo Jockl dazu.

FRITZ SPANIER. Havanna.

BABETTE SPANIER. Wir haben es geschafft. *(Ihr Mann wirft ihr einen besorgten Blick zu, aus dem hervorgeht, dass er ihr nicht gesagt hat, dass das Schwierigste noch vor ihnen liegen könnte.)*

EVELYNE. Und Papa ist hier?

RENATA. Das habe ich dir doch gesagt!

EVELYNE. Wir sehen Papa?

RENATA. Heute noch.

BABETTE SPANIER. Wir müssen uns umziehen. Wir haben Deutschland mit Stil verlassen, wir kommen mit Stil in Amerika an.

FRITZ SPANIER. Warte noch damit.

MARIANNE. Ist Kuba Amerika, Frau Spanier?

BABETTE SPANIER. Kuba ist Amerika, aber es ist noch nicht das Amerika, wo wir alle wohnen werden.

TANTE CHARLOTTE. Ich hab zwei Handtücher gekauft.

BERGMANN. Wofür brauchst du Handtücher, Tante Charlotte?

TANTE CHARLOTTE. Ich hatte noch was von dem lächerlichen Bordgeld. Das schenke ich den Nazis nicht. Drum war ich in dem Geschäft unten und hab gesagt: Was kriege ich dafür, und die Frau hat gesagt: Nicht viel, zwei Handtücher.

BERGMANN. Wir brauchen keine Handtücher.

TANTE CHARLOTTE. Handtücher braucht man immer.

BABETTE SPANIER. Warum haben die Motoren gestoppt? *(Alle horchen.)*

MARIANNE. Ja, sie haben gestoppt.

BERGMANN. Warum haben sie gestoppt? Haben sie gestoppt?

FRITZ SPANIER. Sie haben gestoppt.

TANTE CHARLOTTE. Warum haben die Motoren gestoppt, Otto?

BERGMANN. Woher soll ich das wissen!

TANTE CHARLOTTE. Da musst du mich nicht anschreien.

BABETTE SPANIER. Das ist sicher normal. Gleich geht es weiter. Das macht man so, wenn man einläuft.

TANTE CHARLOTTE. Woher wollen Sie wissen, wie man einläuft?

Kapitän Schröder nimmt Luis Clasing auf dem Schiff in Empfang.

SCHRÖDER. Willkommen an Bord, Herr Clasing! Was geschieht jetzt?

CLASING. Die Situation ist unklar.

SCHRÖDER. Was heißt das?

CLASING. Sie müssen sich nicht mehr kümmern. Sie haben das Schiff sicher nach Havanna gebracht. Sobald Sie die Anweisung zur Rückfahrt bekommen, bringen Sie es zurück, mit oder ohne Passagiere.

SCHRÖDER. Herr Clasing, Sie sind nicht mein Vorgesetzter. Sie sind der Leiter eines kleinen HAPAG-Lokalbüros. Ich bin der Kapitän unseres Flaggschiffs. Ich nehme von

Ihnen keine Anweisungen entgegen. Vielmehr werden Sie jetzt genau aufpassen, was ich Ihnen zu sagen habe. Ich bin verantwortlich für die Passagiere dieses Schiffes. Und zwar genau so lange, bis sie alle das Schiff am Zielhafen sicher verlassen haben. Wenn Sie das auch nur einen Moment vergessen, sorge ich dafür, dass Sie bald anderswo arbeiten. Verlassen Sie mein Schiff, und üben Sie Ihren Beruf aus!

—

Robert Hoffman wartet an dem von einem Polizisten bewachten Landungssteg. Luis Clasing kommt ihm entgegen.

HOFFMAN. Willkommen an Land, Herr Clasing!

CLASING. Sparen Sie sich die Witze! Dieser Schröder! Für wen hält der sich!

HOFFMAN. Hält er sich für den Kapitän? *(Clasing blickt seinen Stellvertreter wütend an, dann geht er ab. Hoffman nähert sich dem Kai, ein Polizist verstellt ihm den Weg.)*

HOFFMAN. Ich nehme nur schnell das HAPAG-Boot und fahre zur St. Louis hinüber.

POLIZIST. Niemand darf aufs Schiff.

HOFFMAN. Das verstehe ich, aber ich arbeite für die Gesellschaft, der das Schiff gehört.

POLIZIST. Niemand.

HOFFMAN. Aber ich muss einen ... Freund sprechen!

POLIZIST. Niemand!

HOFFMAN. Mein Chef ist auch gerade hinübergefahren!

POLIZIST. Sondergenehmigung. Gehen Sie!

HOFFMAN. Das ist Willkür!

POLIZIST. Was ist das?

HOFFMAN. Das ist Will…

(Er zögert. Da er nicht dumm ist, amüsiert es ihn plötzlich, dass ausgerechnet er sich über Willkür beschwert. Er macht eine wegwerfende Handbewegung und geht ab. Beinahe stößt er mit Max Aber zusammen, der nun seinerseits auf die Bootsanlegestelle zugeht. Der Polizist tritt nun ihm in den Weg, aber statt ihn anzusprechen, wendet Max Aber sich ans Publikum.)

ABER. Ich kam nicht auf die St. Louis, das durfte niemand, aber ich kam nahe heran. Ich kannte jemanden, José Estedes, meinen Freund José, der jemanden kannte, der für den Präsidenten arbeitete. Mein Boot fuhr unter der Reling entlang, ich rief ihre Namen hinauf, immer wieder: »Renata, Evelyne«, immer wieder: »Renata, Evelyne!« Es ging mir nicht nur darum, ihre Gesichter zu sehen. Ich musste herausfinden, ob ihre Mutter, meine Frau, meine geschiedene Frau, die von mir nichts mehr wissen will, ob sie ihnen noch die kubanischen Visa in die Pässe hatte stempeln lassen. Richtige Visa, nicht diese wertlosen Landegenehmigungen. Renata, Evelyne, brüllte ich. Und schließlich, stellen Sie sich das vor, ich hatte sie ja ein Jahr nicht gesehen, da waren sie! Leute hoben sie hoch, so dass sie über die Reling blicken konnten, auf mich herunter, und ich schrie nur: »Habt ihr die Visa?« Und sie verstanden nicht. Und ich schrie: »Ich muss wissen, ob meine Kinder Visa haben, helfen Sie mir!«

(Babette Spanier tritt auf.)

BABETTE SPANIER. Ich habe ihn verstanden, oder wenigstens hatte ich eine Ahnung, was er meinen könnte, und bin mit den beiden in ihre Kajüte gegangen. Was für eine Unordnung, alles lag drunter und drüber, so ist es, wenn Kinder alleine wohnen, ganz ohne Erwachsene, und keiner von uns hatte sich um sie gekümmert während der Überfahrt, wir waren zu sehr mit uns selbst beschäftigt. Zunächst konnten wir die Pässe nicht finden. Aber dann waren sie plötzlich in einer Schublade, und ich habe nachgesehen, und …

ABER. Sie hatten die Visa!

BABETTE SPANIER. Ich habe ihm hinuntergerufen: »Die Visa sind hier!«

ABER. Sie hat ihnen noch die Visa besorgt. Gott sei Dank! »Papa kommt wieder«, habe ich gebrüllt, »Papa kommt zurück!« Und ich habe dem Bootsmann gesagt: »Schnell an Land!« *(Pause.)* Aber was mache ich jetzt?

—

Der kubanische Außenminister Remos sucht Präsident Brú auf.

REMOS. Exzellenz, als Außenminister muss ich Sie vor den Verwicklungen warnen, die auf uns zukommen. Den Vereinigten Staaten wird es nicht gefallen, dass wir den Flüchtlingen verbieten, ins Land zu kommen.

BRÚ. Es ist meine Aufgabe, die Gesetze anzuwenden.

REMOS. Es gibt menschliche Erwägungen.

BRÚ. Sie meinen also, ich sollte tausend Menschen einfach so ins Land lassen?

REMOS. Ich sage nur, wir sollten alle Optionen abwägen.

BRÚ. Wissen Sie, wie viele Schiffe sich in Bewegung setzen, sobald ich das tue? Dann muss ich statt Tausend Zehntausend abweisen. Oder ich nehme die Zehntausend, aber kommen dann nicht sofort die nächsten Zehntausend?

REMOS. Man kann eine Ausnahme klar und deutlich als Ausnahme deklarieren.

BRÚ. Was sagt Batista?

REMOS. Der General hat sich noch nicht geäußert.

BRÚ. Der hält sich raus. Er will weder die rechte Presse bei uns noch die linke Presse in Amerika verärgern. Und wissen Sie, was wir diesmal machen, Remos? Wir wenden die Gesetze an. Ohne Korruption, ohne Ausnahmen. Wie es sich gehört.

—

Max Aber allein.

ABER. Mein Freund José kannte auch General Montalvo, den Verteidigungsminister, und hat mir einen Termin besorgt. Ich bin vor Montalvo auf die Knie gefallen, jawohl, ganz buchstäblich, und ich habe gesagt: »General, das Leben meiner Kinder liegt in Ihren Händen.« Er hat gefragt: »Haben die Kinder Visa?« Ich habe es ihm geschworen. Dann hat er nach einem Mitarbeiter geschickt. *(Hauptmann Gomez tritt auf, ein vierschrötiger Mann in Uniform.)*

GOMEZ *(zum Publikum).* Ich bin Gomez! *(Zu Aber.)* Wir gehen zu Benítez.

—

Benítez in seinem Büro. Es klopft.

BENÍTEZ. Nicht jetzt!

(Max Aber und Gomez kommen herein.)

BENÍTEZ. Ich habe gesagt, nicht jetzt!

ABER *(zum Publikum).* Ich habe ihm meine Situation geschildert, und er hat gesagt …

BENÍTEZ. Ich kann mich damit jetzt nicht abgeben. Niemand verlässt das Schiff, Visum oder nicht. Wenn Sie eine Million auftreiben können, dafür kann ich alle Passagiere vom Schiff holen. Wenn Sie das nicht können, gehen Sie bitte. Ich habe zu tun.

(Hauptmann Gomez zieht ruhig eine Pistole und richtet sie auf Benítez.)

BENÍTEZ *(wenig beeindruckt).* Ach wirklich?

GOMEZ *(zu Aber).* Der Minister unterschreibt jetzt eine Genehmigung für die Kinder, und ein Polizist bringt Sie rüber, und Sie holen die zwei.

ABER *(zum Publikum).* Und so lief es ab, genau so. Im Polizeiauto zum Hafen, die Küstenwache brachte mich zum Schiff. Die Strickleiter hinauf. Als Nächstes stand ich vor dem Kapitän. Ich dachte, er wäre ein Nazi.

(Kapitän Schröder tritt auf.)

SCHRÖDER. Was wollen Sie?

ABER *(zum Publikum).* Aber als ich ihm alles erklärt hatte, sagte er nur …

SCHRÖDER. Natürlich, nehmen Sie die beiden mit!

(Renata und Evelyne treten auf.)

RENATA. Wir konnten nicht mal auf Wiedersehen sagen!

EVELYNE. Und wir durften die Strickleiter runterklettern!

(Max Aber umarmt sie beide stürmisch, dann wendet er

sich wieder ans Publikum. Er ist so bewegt, dass ihm das Sprechen schwerfällt.)

ABER. Nein, es ist nicht gerecht! Aber es ging um meine Kinder! Natürlich hole ich meine Kinder, wenn ich kann! Das Boot brachte uns zum Hafen, das Polizeiauto wieder zurück zum Minister, und dort standen sie noch, beide, genau wie zuvor.

(Gomez und Benítez stehen immer noch in der gleichen Pose: Benítez steht reglos, Gomez hält die Waffe auf ihn gerichtet.)

ABER. Ich glaube, sie hatten sich die ganze Zeit nicht gerührt.

(Gomez steckt die Pistole ein.)

ABER. Dann hat Hauptmann Gomez uns zurückgebracht zum Verteidigungsminister, und ich bin noch einmal vor ihm auf die Knie gefallen und habe gesagt: »Sie haben mich heute zum glücklichsten Menschen der Welt gemacht.« Er hat Minister Benítez angerufen, und als der an den Apparat ging, hat er sich bei ihm für die Hilfe bedankt, als wären wir alle gute Freunde, denn in Kuba muss man es jedem ermöglichen, sein Gesicht zu wahren, sonst hat man einen Feind für immer. Und wissen Sie … Ich muss Sie daran erinnern, dass nichts von alledem erfunden ist. Wissen Sie, was Benítez gesagt hat?

BENÍTEZ *(verbeugt sich).* Señor Aber, es war mir ein Vergnügen, Ihnen helfen zu können!

—

Kapitän Schröder an seinem Schreibtisch. Robert Hoffman tritt auf.

HOFFMAN *(zum Publikum).* Endlich hatte ich diese verfluchte Sondergenehmigung und konnte an Bord. *(Zu Schröder.)* Ich bin Robert Hoffman, Vizedirektor der kubanischen HAPAG-Niederlassung.

SCHRÖDER. Wo ist Clasing?

HOFFMAN. Sie haben ihn verschreckt. Ich muss Sie bitten, Ihrer ganzen Crew Landurlaub zu geben.

SCHRÖDER. Bitte?

HOFFMAN. Dass die Fahrgäste nicht von Bord dürfen, ist kein Grund, der Crew Urlaubssperre zu erteilen.

SCHRÖDER. Ich habe tausend Passagiere. Ich brauche jeden einzelnen Mann der Crew.

HOFFMAN. Ihre Passagiere interessieren mich nicht.

SCHRÖDER *(entgeistert).* Sind Sie verrückt?

HOFFMAN. Sie haben meine Befehle zu befolgen. Ich bin der oberste Offizier der Abwehr hier, ich unterstehe direkt Admiral Canaris. Eines Ihrer Crewmitglieder ist ein Kurier, der etwas an Land abzuholen hat.

SCHRÖDER. Wer ist das?

HOFFMAN. Das brauchen Sie nicht zu wissen.
(Lange Pause.)

SCHRÖDER *(leise).* Ich gebe der Crew morgen Landurlaub.

HOFFMAN. Das ist eine gute Entscheidung.

SCHRÖDER. Und was geschieht mit den Passagieren?

HOFFMAN. Das interessiert mich nicht. Das habe ich Ihnen vorhin schon gesagt. Heil Hitler!
(Er hebt die Hand zum Hitlergruß und sieht Schröder abwartend an. Schließlich hebt der widerwillig die Hand.)

SCHRÖDER *(leise).* Heil Hitler.

(Hoffman geht ab. Schröder sieht ihm hilflos und gedemütigt nach.)

—

Aaron Pozner allein.

POZNER *(zum Publikum).* Ich war in meiner Kabine und schrieb ins Tagebuch. Jenes Tagebuch, das später gefunden wurde, nach meinem Tod. Das Tagebuch, durch das man meine Geschichte kennt. Ich schrieb also ins Tagebuch, es klopfte, ich machte auf, und da waren sie.

(Otto Schiendick und die Männer, die vorher Nazilieder gesungen haben, treten auf.)

SCHIENDICK. Wir müssen Ihre Kabine durchsuchen.

POZNER. Warum?

SCHIENDICK. Zur Sicherheit. *(Lachend.)* Nein, weil's Spaß macht.

POZNER. Dazu haben Sie kein Recht!

SCHIENDICK. Wir sind die Ortsgruppe. Gehen Sie zur Seite!

(Während Pozner spricht, vollführen die Männer in Pantomime ihre »Durchsuchung«.)

POZNER *(zum Publikum).* Sie wollten einfach möglichst viel kaputtmachen. Sie zerrissen ein Bild meiner Familie – das einzige, das ich hatte. Sie traten auf meinem Spanisch-Lehrbuch herum. Einer gab mir zwei Ohrfeigen, ein anderer schlug mir die Faust in den Magen. Das Tagebuch war in einer Seitentasche des Koffers, sie fanden es nicht.

SCHIENDICK. Bald können Sie sich wieder den Kopf rasieren lassen!

POZNER *(zum Publikum).* Er meinte, dass ich bald wieder im Lager sein würde. Und er hatte ja recht damit.

—

Otto Schiendick sucht Robert Hoffman in Havanna auf. Beide tragen Spazierstöcke.

SCHIENDICK. Agent Schiendick meldet sich zur Erfüllung seiner Aufgabe.
(Hoffman reicht ihm seinen Stock, sie tauschen.)

SCHIENDICK. Ich dachte schon, das wird nie was, aber dann hat der Kapitän, der Trottel, plötzlich der ganzen Crew Landurlaub gegeben, und ich dachte –

HOFFMAN *(schroff).* Legen Sie ihn nicht mehr aus der Hand, bis Sie zurück auf dem Schiff sind. Die Mikrofilme stecken im Rohr.

SCHIENDICK. Erbitte, eine Meldung machen zu dürfen.

HOFFMAN. Genehmigt.

SCHIENDICK *(holt ein Notizbuch hervor).* Mein Beschwerdebuch. *(Er blättert.)* Allen voran Kapitän Schröder. Der hat mich zurechtgewiesen und bedroht. Er kann mich nicht ausstehen, und ehrlich gesagt, ich glaube, dass er auch unserer Bewegung kritisch gegenübersteht. Er muss bestraft werden. Zweitens der Schiffskellner Leo Jockl. Er hat einen Witz über den Führer erzählt. Habe ich selbst gehört.

HOFFMAN. Welchen Witz?

SCHIENDICK. Kommt ein Mann aufs Standesamt und sagt:

Ich will meinen Namen ändern. Beamter fragt: Wie heißen Sie denn? Adolf Stinker. Und wie wollen Sie heißen?

HOFFMAN. Hans Stinker, ja, den kenne ich. Ist ganz lustig.

(Schiendick sieht ihn entgeistert an. Dann blättert er weiter.)

SCHIENDICK. Und der Schiffspurser. Ich habe ihn gefragt, warum er nicht bei der NSDAP ist. Wissen Sie, was das Schwein gesagt hat?

HOFFMAN. Führen Sie Ihren Auftrag aus, und verschonen Sie mich mit dem Blödsinn.

(Schiendick erstarrt einen Moment, dann zieht er einen Bleistift heraus und macht eine Notiz ins Beschwerdebuch – ziemlich sicher fügt er gerade Hoffmans Namen hinzu.)

HOFFMAN *(zum Publikum)*. Ein beschränkter, rachsüchtiger Mensch. Nicht vertrauenswürdig, schrieb ich in meinem Bericht. Ich war doch ziemlich überrascht, dass die Abwehr diesen Menschen aufgenommen hatte. Sind wir nicht die Elite Deutschlands?

—

Max Loewe allein. Sehr bedächtig krempelt er sich die Ärmel hoch, zieht ein Rasiermesser hervor, betrachtet die Klinge eine Weile und schneidet sich dann mit einer schnellen Bewegung die linke Pulsader auf. Er nimmt das Messer in die linke Hand und schneidet sich in die rechte Pulsader. Blut läuft aus den Wunden. Langsam geht er los und hebt die Hände, um sich über die Reling zu schwingen. Man hört es platschen, man hört Schreie. Momente später ertönt das Horn des Schiffes.

STIMMEN. Mann über Bord! Mann über Bord!

—

Der kubanische Außenminister Remos und der amerikanische Botschafter Joshua Wright.

WRIGHT. Señor Remos, meine Regierung in Washington möchte wissen, was Ihre Regierung mit den armen Menschen auf der St. Louis vorhat.

REMOS. Die Stimmung in unserem Land ist sehr feindselig. Dutzende Presseartikel, jeden Tag. Präsident Brú hat Tausende Telegramme bekommen, in denen besorgte Bürger ihn auffordern, die Flüchtlinge nicht an Land zu lassen.

WRIGHT. Wir beide wissen doch, wo die herkommen. Die Artikel und die Telegramme.

REMOS. Ja, das wissen wir. Aber das ändert nichts.

WRIGHT. Dass die Artikel von Goebbels kommen? Dass der deutsche Geheimdienst die kubanischen Journalisten dafür bezahlt, dass sie Angst vor Flüchtlingen schüren? Dass deutsche Agenten solche Telegramme in Massen verfertigen? Das alles ändert nichts?

REMOS. Die Leute lesen diese Artikel. Bald sind Wahlen. Der Präsident möchte lieber nicht verlieren.

WRIGHT. Und das Militär?

REMOS. General Batista hält sich raus. Er ist unerreichbar. Lassen Sie mich hervorheben, verehrter Botschafter, dass das ganze Problem nicht existieren würde, wenn die HAPAG nicht trotz unserer Warnung Buchungen von Passagieren angenommen hätte, die keine Visa haben.

WRIGHT. Keine Visa, aber Landegenehmigungen. Ausgestellt von einem Mitglied Ihres Kabinetts.

REMOS. Einem korrupten Mitglied, das ohne Erlaubnis gehandelt hat.

WRIGHT. Haben Sie ihn zur Rechenschaft gezogen?

REMOS. Er ist ein Protegé von Batista.

WRIGHT. Sie hätten verhindern müssen, dass er ungültige Genehmigungen ausstellt.

REMOS. Wir verhindern es jetzt gerade. Um es zu verhindern, hat der Präsident das Dekret 937 erlassen. *(Pause.)* Wenn ich mir eine Bemerkung erlauben darf, Herr Botschafter. Es gibt eine einfache Lösung. Ihr Land ist so groß. Wie wäre es, wenn Sie die Passagiere der St. Louis nehmen?

WRIGHT *(kühl)*. Die Passagiere sind hier in Kuba, Herr Minister. Wir können uns nicht zusätzlich zu unseren eigenen Einwanderungsproblemen noch die anderer Staaten auf die Schultern laden.

REMOS. Wenn es nach mir ginge, würden wir diese armen Leute aufnehmen.

WRIGHT. Nach wem geht es denn?

REMOS. Der Präsident ist ein Gefangener der Umstände. Es wäre alles einfacher, wenn sich General Batista endlich äußern würde.

WRIGHT. Aber er äußert sich nicht.

REMOS. Er wird sich hüten.

—

Präsident Brú leitet eine Kabinettssitzung. Vor ihm versammelt sind mehrere Minister, unter ihnen Benítez und Remos.

BRÚ. Ich begrüße Sie zu unserer außerordentlichen Sitzung. Es geht um die St. Louis. Ich bitte das Kabinett um formelle Unterstützung. Ich habe ein Dekret erlassen, es muss befolgt werden, das Schiff hat den Hafen zu verlassen. Außenminister?

REMOS. Der amerikanische Botschafter hat mir den Standpunkt von Washington vermittelt. Roosevelt wünscht sich, dass wir auch humanitäre Gesichtspunkte nicht aus den Augen lassen.

BRÚ. Heißt das, wir sollen die St. Louis hinüber nach Miami schicken?

REMOS. Das heißt es ganz ausdrücklich nicht.

BRÚ. Ich bin kein Unmensch, meine Herren. Aber wir müssen uns an die Gesetze halten. Und in diesem Fall ist es klar, was die Gesetze sagen. Die Landegenehmigungen, die der Minister für Einwanderung widerrechtlich ausgestellt hat …

(Er macht eine Kunstpause. Alle sehen Benítez an.)

BENÍTEZ *(leise)*. Ich protestiere.

REMOS. Wogegen genau?

BENÍTEZ *(verstockt)*. Ich protestiere.

BRÚ. … diese illegalen Landegenehmigungen können wir nicht nachträglich legalisieren.

REMOS. Müsste der Minister für Einwanderung dann nicht auch die Konsequenzen tragen?

BENÍTEZ. Wenn der Präsident das möchte, trete ich sofort zurück.

BRÚ. Das würde mir schon gefallen, Minister.

BENÍTEZ. Aber was würde Batista sagen? Ich kann nicht jeder Laune folgen. Der General ist mein Freund, er würde nicht dulden, dass ich einfach das Handtuch werfe.

BRÚ. Wer ist dafür, den Flüchtlingen die Aufnahme zu verweigern?

(Alle heben die Hand, nur Benítez und Remos zögern. Nach einer Weile hebt Benítez auch die Hand. Als Letzter tut es Remos.)

BRÚ. Gegenstimmen?

(Alle lassen die Hand sinken.)

BRÚ. Einstimmig angenommen.

—

Kapitän Schröder, Fritz Spanier und Elise Loewe. Elise Loewe ist völlig aufgelöst vor Angst und Sorge.

SCHRÖDER. Sein Zustand ist stabil. Die Schnitte in den Pulsadern waren nicht tief.

ELISE LOEWE. Also überlebt er?

SCHRÖDER. Er hat Blut verloren und Wasser in der Lunge, aber er überlebt.

ELISE LOEWE. Ich muss zu ihm!

SCHRÖDER. Man hat ihn ins Krankenhaus gebracht.

ELISE LOEWE. Ich schneide mir auch die Adern auf. Dann komme ich zu ihm.

SCHRÖDER. Ich bitte Sie, Frau Loewe! Ich bitte Sie inständig!

FRITZ SPANIER. Das war schon der dritte Selbstmordversuch, es wird noch mehr geben.

SCHRÖDER. Organisieren Sie Patrouillen. Leute, die nachts an der Reling stehen, damit keiner springt.

FRITZ SPANIER. Warum wir? Warum nicht Ihre Crew?

SCHRÖDER. Erstens wissen Sie, dass ich meinen Leuten nicht vertrauen kann, und zweitens ist es besser, wenn ... Leute, die von Bord springen wollen, von ihren eigenen Leuten abgehalten werden.

FRITZ SPANIER. Sie meinen, von anderen Juden.

SCHRÖDER. Ja, das meine ich.

FRITZ SPANIER. Warum soll man sie überhaupt abhalten? Wer ins Krankenhaus kommt, hat es nach Havanna geschafft.

SCHRÖDER. Weil der Nächste nicht ins Krankenhaus kommt, sondern ertrinkt! Herr Loewe hatte ungeheures Glück!

ELISE LOEWE *(weinend)*. Glück? Mein armer Max, was soll er denn tun ohne mich! Sie kennen ihn nicht, Sie wissen nicht, wie hilflos er ist!

FRITZ SPANIER. Sie glauben also, dass wir zurück nach Deutschland müssen?

SCHRÖDER. Ich kann nichts mehr ausschließen.

—

Schwungvoll und mit Verve tritt Lawrence Berenson auf.

BERENSON. Zeit für einen Lichtblick! Zeit für einen, der weiß, was er tut. Zeit für einen Profi. Mein Name ist Lawrence Berenson, ich bin der Anwalt des Jewish Joint Distribution Committee in New York.
(Präsident Brú tritt auf.)

BERENSON. Exzellenz!

(Sie schütteln einander die Hände.)

BRÚ. Mister Berenson, ich werde nicht über das Schicksal der St. Louis verhandeln, bevor das Schiff kubanischen Hoheitsraum verlassen hat.

BERENSON *(zum Publikum).* Voraussehbarer Schachzug. *(Zu Brú.)* Exzellenz, ich bin entsetzt. Völlig überrumpelt und verblüfft. Die Situation auf dem Schiff ist todernst. Heute hat sich ein Mann die Pulsadern aufgeschnitten und ist ins Wasser gesprungen. Er konnte gerettet werden, aber wer weiß, wann der Nächste –

BRÚ. Sie müssen mir nicht den Ernst der Lage erklären. Aber wir haben nun einmal beschlossen, dass das Schiff den Hafen zu verlassen hat.

BERENSON. Und wenn es ihn verlassen hat?

BRÚ. Was meinen Sie damit?

BERENSON. Wenn es den Hafen einmal verlassen hat, ist Ihr Dekret befolgt. Und als Nächstes? Exzellenz, dann haben wir doch eine ganz andere Situation.

BRÚ. Ich verstehe. *(Er überlegt.)* Tragen Sie mir Ihre Vorschläge vor.

BERENSON *(zum Publikum).* Es muss nur der richtige Mann kommen. *(Zu Brú.)* Das ist eine großzügige Geste!

BRÚ. Ich habe nur gesagt, ich höre Ihnen zu.

BERENSON. Die Isla de Pinos, Ihre Gefängnisinsel, liegt weit draußen, ist gut abgeschirmt, könnte als temporärer Aufenthaltsort für tausend Menschen –

BRÚ. Sie haben mich missverstanden. Ich habe gesagt, dass ich Vorschläge, welcher Art immer, erst anhören werde, wenn das Schiff unsere Gewässer verlassen hat!

BERENSON. Ich verstehe.

BRÚ. Gut.

BERENSON *(zum Publikum).* Sie können sich entspannen. Die Kavallerie ist hier.

—

Lawrence Berenson und der amerikanische Botschafter Wright.

BERENSON. Der Präsident muss sein Gesicht wahren, aber entscheidend ist, was er mir zu verstehen gegeben hat.

WRIGHT. Und er hat Ihnen wirklich zu verstehen gegeben, dass er die Flüchtlinge auf der Pinieninsel von Bord lassen wird?

BERENSON. Er hat es praktisch versprochen. Wenn das Schiff auf offenem Meer ist, finalisieren wir den Vertrag.

WRIGHT. Was für einen Vertrag?

BERENSON. Finanzielle Garantien, damit Brú zeigen kann, dass die Juden den Kubanern nicht auf der Tasche liegen werden. Und ein wenig für ihn selbst muss auch drin sein.

WRIGHT. Also, ich weiß nicht.

BERENSON. Herr Botschafter, ich weiß, was ich tue.

—

Kapitän Schröder in Zivil.

SCHRÖDER. Ich dachte, ich spreche selbst mit dem Präsidenten. Ich dachte, ich kann es lösen. Ich dachte das wirklich. Also bin ich von Bord gegangen. Keinem ist das aufgefallen. Ein Kapitän in Zivil ist praktisch unsichtbar. Von Bord und in ein Taxi und zum Regierungspalast. Aber man hat mich nicht vorgelassen. »Ich muss mit dem Präsidenten sprechen«, sage ich, und irgend so ein Vorzimmerwurm sagt: »Der Präsident hat keine Zeit!« Und ich sage: »Dafür muss er Zeit haben!« Und er: »Der Präsident wird nicht mit Ihnen sprechen. Morgen um zehn müssen Sie ablegen.« Und dann hat er mich hinausführen lassen. Von einem Polizisten. In meiner Verzweiflung bin ich zum deutschen Botschafter und habe ihm gesagt, dass er etwas tun muss. Und er hat gelacht und gesagt: »Sie verkennen die Lage, Kapitän. Das sind Juden.« Und dann hat wiederum er mich hinausbringen lassen, von einem Deutschen in Uniform. Auf dem Rückweg hätten die Polizisten mich fast nicht mehr aufs Boot gelassen, ich habe meinen Ausweis gezeigt, aber der hat sie nicht interessiert. Irgendwie konnte ich sie überzeugen. *(Pause.)* Ich habe nichts ausgerichtet. Ich habe mein ganzes Gewicht in die Waagschale geworfen, und es war nicht genug. Morgen früh lege ich ab. Weil es so befohlen wurde.

(Fritz Spanier tritt auf.)

FRITZ SPANIER. Und wenn Sie es verweigern?

SCHRÖDER. Dann wird die Küstenwache uns zwingen.

FRITZ SPANIER. Wie genau wird sie uns zwingen?

SCHRÖDER. Sie könnte das Feuer eröffnen.

FRITZ SPANIER. Dann würde sie das Schiff beschädigen.

SCHRÖDER. Ja.

FRITZ SPANIER. Wäre das nicht die Lösung?

SCHRÖDER. Was meinen Sie?

FRITZ SPANIER. Das ist doch offensichtlich. Ein beschädigtes Schiff kann man nicht aus dem Hafen steuern.

SCHRÖDER. Ich werde sicher nicht so einen waghalsigen Unsinn unternehmen!

FRITZ SPANIER. Warum nicht?

SCHRÖDER *(zum Publikum).* Weil ich ein deutscher Kapitän bin. Weil mir ein Schiff anvertraut wurde. Weil eine so große, wilde, aberwitzige Tat – Befehlsverweigerung, Meuterei, eine Konfrontation mit der Marine, weil das … – ich kann das nicht. Ich bin dafür nicht gemacht. Wir sind nicht so frei und kühn, wie wir es gern wären. *(Pause.)* Das habe ich ihm natürlich nicht gesagt. Ich habe nur gerufen, dass das eine absurde Idee ist. Aber am liebsten hätte ich ihn gebeten: Verzeih mir! Ich bin nur Gustav Schröder aus Hamburg. Ich bring's nicht über mich!

(Während der Kapitän spricht, beginnt eine Geige, die Melodie von »Auf der Reeperbahn nachts um halb eins« zu spielen. Aaron Pozner tritt auf.)

POZNER. Und um uns zu beruhigen, hatte irgendwer die Schiffskapelle beauftragt, nur ja keine Pausen zu machen. Es war schon halb elf, und sie hörte nicht auf. Und weil die Musiker nichts anderes konnten, gab es Heimatlieder, eines nach dem anderen, ohne Gnade.

(Babette Spanier tritt auf.)

BABETTE SPANIER. Reeperbahn und hohe Berge und Donau und Rhein und was weiß ich – alle über eine Heimat, in der der Tod hockt wie eine große Spinne.

(Otto Schiendick tritt auf.)

SCHIENDICK. Aufhören!

BABETTE SPANIER. Und zum ersten Mal waren wir seiner Meinung.

SCHIENDICK. Das ist ja nicht auszuhalten! Hören Sie auf! Aufhören!

(Die Musik verstummt.)

BABETTE SPANIER. Und so verließen wir Havanna.

Dritter Teil: Rückweg

Aaron Pozner tritt in Begleitung zweier Männer nach vorne.

POZNER. Bald ist das unser Schiff. Dann entscheiden wir, wohin wir fahren.
(Fritz Spanier tritt ihnen in den Weg.)

FRITZ SPANIER. Wenn Sie noch einmal so etwas sagen, sorge ich dafür, dass Sie eingesperrt werden. Wir sind auf den guten Willen der Welt angewiesen. Niemand hilft Piraten. Keiner hat Sympathie für Meuterer.

POZNER. Wir übernehmen das Schiff, wir legen irgendwo an, wir ergeben uns. Was ist das Schlimmste, das uns passieren kann? Jedes Gefängnis ist besser als Deutschland.

FRITZ SPANIER. In diesem Augenblick verhandeln in Havanna hervorragende Anwälte für uns. Nur ein paar Tage noch, dann haben wir Visa und gehen alle an Land.

POZNER. Wo denn?

FRITZ SPANIER. Vielleicht in Kuba. Vielleicht sogar in den USA.

—

Lawrence Berenson und Robert Hoffman.

BERENSON. Danke, dass Sie mich empfangen können. Die Kooperation der HAPAG ist von größter Wichtigkeit. Sobald die St. Louis zurückkommt, müssen wir die Unterbringung der Passagiere auf der Pinieninsel organisieren und ...

HOFFMAN *(alarmiert)*. Sie meinen, das Schiff kommt zurück nach Kuba?

BERENSON. Es sieht gut aus.

HOFFMAN. Und fährt nicht nach Hamburg zurück?

BERENSON. Erst einmal nicht.

HOFFMAN. Der Präsident will doch bestimmt eine sehr hohe Garantie.

BERENSON. Das Geld besorgen wir.

(Kurze Pause. Hoffman denkt konzentriert nach.)

HOFFMAN. Sie besorgen einfach so eine Million Dollar?

BERENSON *(verblüfft)*. Nein, hundertfünfzigtausend.

HOFFMAN. Also, nach meinen Informationen ... Und das sind sehr verlässliche ... Nach meinen Informationen will der Präsident eine Million.

BERENSON. Ich habe gerade mit seinem Verhandler Montes gesprochen, und der sagt –

HOFFMAN. Montes ist nicht befugt, für den Präsidenten zu verhandeln. Das ist ein typischer Angeber, wie es in Kuba viele gibt. Wir haben bessere Informationen. Der Präsident will eine Million, und zwar nicht als Garantie, sondern bar hinterlegt. *(Zum Publikum.)* Das habe ich improvisiert. Ich musste ihn irgendwie durcheinanderbringen. Auf dem Schiff waren die Mikrofilme, und die mussten so schnell wie möglich nach Hamburg.

BERENSON *(zum Publikum)*. Ich bin kein Anfänger. Natürlich merkte ich, dass er mich anlog. Eine Million, das war einfach zu dick aufgetragen. Aber warum? Was wollte der Kerl?

—

Lawrence Berenson allein.

BERENSON. Am nächsten Tag fuhren mich die Kubaner hinaus zur Pinieninsel. Und wer, glauben Sie, wartete dort auf mich?
(Ein Mann in Uniform mit Sonnenbrille und vielen Orden tritt auf und hält Berenson mit großer Geste die Hand hin. Der ergreift sie zögernd.)

BERENSON. Seine Exzellenz, General Fulgencio Batista. Der wahre Herrscher Kubas.
(Batista legt ihm den Arm um die Schulter. Ein Fotograf tritt auf und macht Bilder von den beiden.)

BERENSON *(zum Publikum)*. Er zeigte mir die Insel, eine halbe Stunde lang. Sie war nicht groß. Viel gab es nicht zu sehen. Und er sagte kein einziges Wort.
(Batista tritt zurück und schüttelt ihm von Neuem, mit der gleichen großen Geste wie zuvor, die Hand. Dann gehen er und der Fotograf ab. Berenson bleibt allein zurück.)

BERENSON. Und am nächsten Tag waren Fotos von uns beiden in den Zeitungen. Der Aufschrei war enorm. Hier bereite man die Rückkehr der Flüchtlinge vor, hier würden die Gesetze ausgehöhlt, es sei alles Schwindel. *(Pause.)* Hatte er das geplant? Und am gleichen Abend tauchte noch so einer auf. Der Polizeichef von Havanna.
(Major García tritt auf.)

GARCÍA. Präsident Brú schickt mich.

BERENSON. Was will er?

GARCÍA. Eine halbe Million.

BERENSON. In zwei Tagen sind Sie schon der Dritte, der behauptet, für den Präsidenten von Kuba zu sprechen.

Erst dieser Anwalt Montes, dann dieser Hoffman von der HAPAG, jetzt Sie. Ich werde nur noch mit dem Präsidenten selbst reden!

GARCÍA. Der Präsident wird in dieser Sache nicht mehr persönlich aktiv werden.

BERENSON. Das muss er aber. Bitte gehen Sie! *(Zum Publikum.)* Manchmal muss man einfach Härte zeigen.

GARCÍA *(zum Publikum)*. Das war ein ganz großer Fehler. Tatsächlich war nur einer vom Präsidenten autorisiert, und zwar ich. Und ich mag das nicht, wenn man mich hinauswirft. Ich habe meinen Stolz. Ich muss mein Gesicht wahren.

—

Otto Bergmann, Tante Charlotte, Elise Loewe, Fritz und Babette Spanier stehen an der Reling. Neben ihnen, wieder mit einem Tablett, Leo Jockl.

BERGMANN. Siehst du die Lichter, Tante Charlotte? Das ist Miami.

BABETTE SPANIER. Jeder Lichtpunkt ein Fenster.

ELISE LOEWE. Jetzt sind wir schon hier. Jetzt werden sie uns nicht mehr wegschicken.

BABETTE SPANIER. Wir könnten an Land schwimmen.

TANTE CHARLOTTE. Na, so weit kommt das noch.

JOCKL. Ihre Reise ist bald vorbei.

FRITZ SPANIER. Ihr Wort in Gottes Ohr. Aber was machen Sie?

JOCKL. Wieso ich?

BABETTE SPANIER. Wollen Sie nicht mit an Land?

JOCKL. Mein Platz ist auf dem Schiff.

BABETTE SPANIER. Aber man sagt, Sie sind auch …

JOCKL. Was sagt man? Was?

FRITZ SPANIER. Man sagt, es wäre vielleicht besser, wenn Sie mit uns kommen.

JOCKL. Ich weiß nicht, was Sie meinen.

ELISE LOEWE. Und wenn wir es versuchen, wenn wir einfach hinüberschwimmen?

FRITZ SPANIER. Das Wasser ist eiskalt. Die Strömung ist stark. Und sehen Sie das große Schiff dort drüben? Den langen Schatten vor den Lichtpunkten am Ufer?

BABETTE SPANIER. Ja, das fährt schon seit drei Stunden neben uns.

FRITZ SPANIER. Das ist die amerikanische Küstenwache.

BERGMANN. Sind die da, um uns zu begrüßen?

FRITZ SPANIER. Eher nicht.

Lawrence Berenson bei Präsident Brú.

BRÚ. Ihr Besuch auf der Isla de Pinos kam nicht gut an.

BERENSON. War das Absicht von ihm?

BRÚ. Über Batistas Absichten zu spekulieren ist nicht zuträglich für die Gesundheit.

BERENSON. Wir sind keine Sklaven der öffentlichen Meinung.

BRÚ. Sie vielleicht nicht.

BERENSON. Ich denke, wir können die Summe auf 150 000 Dollar erhöhen. Das Geld bleibt neun Jahre lang hinterlegt.

BRÚ. Sie »denken«, Sie können die Summe erhöhen?

BERENSON. Ich bin zuversichtlich.

BRÚ. 150 000 als Garantie für die Versorgung der Flüchtlinge, dazu 500 Dollar pro Kopf. Innerhalb von vierundzwanzig Stunden von diesem Moment an sind die Gelder in unserem Finanzministerium zu deponieren, oder das Angebot ist vom Tisch.

BERENSON *(zum Publikum)*. Das hat er nie gesagt. Das mit den vierundzwanzig Stunden. Das hat er nicht gesagt!

BRÚ *(zum Publikum)*. In diesem Punkt stimmen mein Bericht und seiner nicht überein. Es war das entscheidende Gespräch zwischen uns. Aber es gibt keine Einigkeit darüber, was gesagt wurde.

BERENSON *(zum Publikum)*. Er hatte sich vorher schon entschlossen, die Verhandlung scheitern zu lassen. Wegen der Fotos in den Zeitungen. Das war mein größter Fehler – die Bilder mit Batista auf der Gefängnisinsel.

BRÚ *(zum Publikum)*. Ich wollte unbedingt noch eine Lösung finden.

BERENSON *(zum Publikum)*. Er wollte auf keinen Fall eine Lösung.

BRÚ *(zum Publikum)*. Er war einfach kein guter Verhandler.

BERENSON *(zum Publikum)*. Tatsächlich hat er Folgendes gesagt. *(Er macht eine auffordernde Handbewegung wie ein Regisseur.)* Exzellenz, bitte!

BRÚ. Die St. Louis kann innerhalb der nächsten achtundvierzig Stunden zurückkommen. Wenn sie im Hafen gelandet ist, können wir verhandeln. Sobald Sie sich mit Ihren Auftraggebern in New York ins Benehmen gesetzt haben. *(Zum Publikum.)* Habe ich nie gesagt.

BERENSON *(zum Publikum)*. Und ich habe gesagt … *(Zu Brú.)* Herr Präsident, ich nehme Ihr Angebot an. Ich bin sehr froh, dass wir uns geeinigt haben.

BRÚ *(zum Publikum)*. Wir hatten keinerlei Einigung.

(Der amerikanische Botschafter Wright kommt dazu.)

BERENSON ZU WRIGHT. Er verlangt eine halbe Million. *(Zum Publikum.)* Eigentlich war es mehr, aber ich hatte schon eingerechnet, dass ich ihn runterhandeln würde. 150 000 und dazu 500 pro Kopf bei fast tausend Passagieren, das wäre ja … Aber Brú hatte gesagt, dass es Spielraum gibt.

BRÚ *(zum Publikum)*. Das habe ich genau nicht gesagt!

WRIGHT. Wie wollen Sie das aufbringen?

BERENSON. Unsere Vereinigung kann vielleicht 200 000 zur Verfügung stellen. Und ich rechne damit, dass wir etwa 40 000 direkt von den Passagieren einsammeln könnten. Viele haben noch Wertsachen versteckt.

WRIGHT. Das ist noch immer um die Hälfte zu wenig.

BERENSON. Er hat gesagt, es gibt Spielraum.

BRÚ *(zum Publikum)*. Habe ich nicht gesagt!

BERENSON. Wichtig ist, dass das Schiff erst mal anlegt. Sind die Passagiere von Bord, dann sind Tatsachen geschaffen, dann kann er sie nicht einfach wegschicken. Wichtig ist, dass Ihre Regierung jetzt Druck ausübt, Herr Botschafter. Können Sie das möglich machen?

—

Ein Telefongespräch zwischen dem amerikanischen Finanzminister Morgenthau und dem amerikanischen Außenminister Hull.

MORGENTHAU. Hallo, Cordell.

HULL. Jawohl.

MORGENTHAU *(zum Publikum).* Dieses Gespräch wurde protokolliert.

HULL *(zum Publikum).* Ich bin Cordell Hull, der Außenminister der Vereinigten Staaten von Amerika.

MORGENTHAU *(zum Publikum).* Henry Morgenthau, Finanzminister der Vereinigten Staaten. Also noch einmal. *(Zu Hull.)* Hallo, Cordell!

HULL. Jawohl.

MORGENTHAU. Wie geht's?

HULL. Gut.

MORGENTHAU. Cordell, man hat mich angerufen wegen dieser schrecklichen Tragödie mit den 900 Flüchtlingen.

HULL. Ja.

MORGENTHAU. Es wurde schon viel verhandelt.

HULL. Ja.

MORGENTHAU. Geld verlangt und so weiter.

HULL. Ich habe vor zwanzig Minuten mit dem Präsidenten gesprochen.

MORGENTHAU. Ja?

HULL. Es kam die Idee auf, dass sie vielleicht zu den Inseln, na, diesen Inseln … Wie heißen die noch?

MORGENTHAU. Die Virgin Islands?

HULL. Ja. Ich habe mir das angesehen, und ich bin zu dem Schluss gekommen, dass wir das nicht machen können mit Leuten, die kein Zuhause haben, in das sie zurückkehren können.

MORGENTHAU. Aha.

HULL. Die jüdischen Organisationen werden eine Lösung in Kuba finden, wenn die Finanzen gesichert sind. Die können das hinkriegen. Es gibt eine realistische Chance.

MORGENTHAU. Verstehe.

HULL. Das ist eine Angelegenheit zwischen der kubanischen Regierung und diesen Leuten.

MORGENTHAU. Verstehe.

HULL. Und nicht dieser Regierung!

(Sie legen auf.)

—

Präsident Brú tritt vor die Presse. Blitzlichter flackern, ein Lautsprecher verstärkt seine Stimme. Er liest von einem Blatt ab.

BRÚ. Unsere Vereinbarung sieht vor, dass die Flüchtlinge auf der Isla de Pinos angesiedelt werden. Eine Garantiesumme wird hinterlegt, um sicherzustellen, dass sie dem kubanischen Volk nicht finanziell zur Last fallen. Unterkunft und Lebensmittel werden bezahlt, solange sie sich in Kuba befinden. Dieses Angebot ist bis morgen Mittag zwölf Uhr gültig. Ist bis dahin kein Geld hinterlegt, ist es unwiderruflich vom Tisch.

—

Kapitän Schröder an seinem Schreibtisch. Otto Schiendick tritt auf.

SCHIENDICK. Sie haben mich rufen lassen?

SCHRÖDER *(reicht ihm ein Blatt Papier).* Was ist das?

SCHIENDICK *(liest).* »Alles nur Mögliche tun, um das Schiff umgehend nach Deutschland zurückzuholen.«

SCHRÖDER. Das haben Sie dem Funker gegeben, mit dem Auftrag, es an eine Hamburger Adresse zu senden. Sind Sie völlig irre geworden?

SCHIENDICK. Kapitän Schröder, ich informiere Sie offiziell, dass ich Agent der Abwehr bin. Dieses Telegramm ist Teil einer Geheimdienstoperation.

(Schröder lacht. Schiendick ist zutiefst verletzt von dieser Reaktion.)

SCHRÖDER. Ich kann mir alles vorstellen, aber dass der Geheimdienst ausgerechnet Sie …

SCHIENDICK. Es gibt eine ganz einfache Möglichkeit, Kapitän. Sperren Sie mich ein, bringen Sie mich als Gefangenen zurück nach Deutschland, und warten Sie ab, was passiert.

(Schröder zögert. Schiendicks Selbstsicherheit hat ihre Wirkung nicht verfehlt.)

SCHRÖDER. Was für eine Operation soll das denn sein?

SCHIENDICK. Das müssen Sie nicht wissen. Sie müssen nur wissen, dass das Schiff nach Deutschland zurückzukehren hat.

SCHRÖDER. Gehen Sie mir aus den Augen. Ich werde die Sache auf sich beruhen lassen, aber ich lasse mir von Ihnen nicht diktieren, welche Kommandos ich geben soll.

Selbst wenn es stimmen sollte, dass Sie … *(Er schüttelt den Kopf, immer noch mehr amüsiert als eingeschüchtert.)*
Was mich betrifft, sind und bleiben Sie Steward.

SCHIENDICK. Sie machen wieder einmal einen großen Fehler.

SCHRÖDER. Schreiben Sie es halt in Ihr Buch!

—

Morgenthau und Hull telefonieren wieder.

MORGENTHAU. Cordell?

HULL. Ja.

MORGENTHAU. Ich rufe wegen der St. Louis an, dem deutschen Schiff. Meine Freunde in New York sagen, dass es Probleme gibt. Die Kubaner verlangen sehr viel Geld.

HULL. Die Sache ist die, dass die New Yorker den Kubanern kein Geld in die Hände legen wollen, aber die Kubaner wollen es in bar.

MORGENTHAU. Aha.

HULL. Meine Leute arbeiten dort unten mit dem Kerl zusammen, mit … wie heißt er … diesem Mann, der die Leute aus New York repräsentiert. *(Zum Publikum.)* Mein Gedächtnis ist schon seit einer Weile nicht so gut. Und ja, als ich sagte, »die Leute aus New York«, da meinte ich die jüdischen Verbände, die jüdischen Flüchtlingen helfen. Diese Ostküstenleute halt. New York eben. Juden. *(Zu Hull.)* Ich hab seinen Namen vergessen.

MORGENTHAU. Also wenn es irgendetwas gibt, das ich tun kann …

HULL. Ich wüsste im Moment nicht, was. Wenn ich was erfahre, sag ich Bescheid.

(Sie legen auf.)

—

Lawrence Berenson allein.

BERENSON. Am nächsten Tag wartete ich auf Präsident Brús Anruf. Ich hatte ihm unser Angebot noch einmal per Telegramm geschickt: Sobald die kubanische Regierung der St. Louis die Erlaubnis erteilen würde, auf der Insel anzulegen, würde das Jewish Joint Distribution Committee eine Garantie über 443 000 Dollar aussprechen. Kein Bargeld. Nur eine Garantie. *(Pause.)* Der Anruf ließ auf sich warten. *(Pause.)* Und zwar immer länger und länger. *(Pause.)* Und kam einfach nicht.

(Major García, der Polizeichef von Havanna, tritt auf.)

GARCÍA. Es ist vorbei, Señor Berenson. Die Frist ist abgelaufen. Kein Geld ist eingegangen. Der Vorgang ist beendet.

BERENSON. Ausgeschlossen, der Präsident hat mir ein Versprechen gegeben.

GARCÍA. Der Präsident hat nichts dergleichen getan.

BERENSON. Ich muss ihn sehen.

GARCÍA. Die Entscheidung ist gefallen.

BERENSON. Das werde ich nicht akzeptieren.

GARCÍA. Was Sie akzeptieren und was nicht, ist uns gleichgültig. Sie haben versagt.

BERENSON. Was habe ich?

GARCÍA. Auf Wiedersehen. Vielleicht kommen Sie ja mal als Urlauber zurück.

(García geht ab.)

BERENSON. Wie können Sie behaupten ... Berenson versagt nicht. Berenson hat noch nie versagt!

—

Kapitän Schröder allein, in seinen Händen ein Blatt Papier.

SCHRÖDER. Eine halbe Stunde vor Mitternacht bekam ich ein Telegramm aus Hamburg. Darin stand ...

*(*HAPAG*-Direktor Holthusen tritt auf.)*

HOLTHUSEN. »Sofort nach Hamburg zurückkehren.«

SCHRÖDER *(plötzlich ein gebrochener Mann, starrt eine Weile auf das Blatt Papier).* Zehn Minuten später gab ich Befehl, den Kurs zu ändern. Die St. Louis machte sich auf den Rückweg nach Deutschland.

—

Otto Schiendick allein.

SCHIENDICK. Und so kam es, wie es immer schon vorgesehen war. Ein Festtag für unseren besten Exportartikel, die Propaganda. Dr. Joseph Goebbels hielt eine epochale Rede: Wie kann die Welt Deutschland dafür kritisieren, wie es mit seinen Juden umgeht, wenn die Welt selbst diese Juden nicht aufnehmen will! Darauf hatte keiner eine gute Antwort. Und dann sagte er noch schicksalsergeben: Nun ja, dann liege es also doch wieder bei Deutschland, all die zurückgekehrten Juden zu verköstigen. *(Er lacht.)* Jeder wusste, was das hieß.

—

Otto Bergmann und Tante Charlotte, Fritz und Babette Spanier, Elise Loewe, Aaron Pozner und Marianne hören eine Lautsprecherdurchsage Kapitän Schröders, aber nach und nach übertönt ihr Dialog die Durchsage.

SCHRÖDERS STIMME. ... versichere ich Ihnen, dass die Lage überall, ich wiederhole: überall, sehr ernst genommen wird. Das gilt natürlich auch für unsere Reederei. Die HAPAG hat mir versichert, dass mehrere Anwälte und Verhandler damit betraut sind, für unsere Passagiere Lösungen zu finden. Zahlreiche Möglichkeiten werden erwogen, und ich bin völlig zuversichtlich, dass eine davon sich verwirklichen lassen wird.

POZNER. Wir sind viele, wir können das Schiff übernehmen!

TANTE CHARLOTTE. Sie können uns nur einmal umbringen.

BERGMANN. So weit ist es noch nicht, Tante Charlotte, niemand wird uns –

FRITZ SPANIER *(schreit Pozner an).* Die Crew sind auch viele, und sie sind stärker.

POZNER *(schreit zurück).* Sie haben immer gute Gründe, warum wir uns fügen sollen, nicht wahr?

FRITZ SPANIER. Ich habe gute Gründe, vernünftig zu bleiben. Wir brauchen die Sympathie der Welt. Niemand hilft Piraten!

POZNER. Nach dem Seerecht darf ein Schiff nicht weiterfahren, wenn jemand ins Wasser fällt!

ELISE LOEWE. Mein armer Max!

TANTE CHARLOTTE *(schreiend).* Ihr armer Max hatte mehr Glück als wir alle! Ihr armer Max liegt in Havanna im Krankenhaus.

POZNER. Wenn einer ins Wasser fällt, muss das Schiff die Motoren stoppen und ihn retten. Das ist Vorschrift. Aber was, wenn jede Stunde jemand ins Wasser fällt? Wir würden Deutschland nie erreichen.

TANTE CHARLOTTE. Ich springe als Letzte.

FRITZ SPANIER. Das ist der größte Unsinn, den ich je gehört habe.

BABETTE SPANIER. Warum eigentlich, Fritz? So unsinnig ist das nicht!

FRITZ SPANIER. Sie würden uns sofort unter Deck einsperren. Wir haben keine Rechte. Das ist ein schwimmendes Gefängnis.

(Der Lärm ebbt ab, man kann Schröders Stimme kurz wieder verstehen.)

SCHRÖDERS STIMME. … aus Telegrammen erfahre ich, dass die jüdischen Hilfsorganisationen Gespräche mit den Regierungen von England, Frankreich, Holland und Belgien führen. Ich bitte Sie, Besonnenheit zu bewahren.

POZNER *(sarkastisch).* O ja, bewahren wir unbedingt Besonnenheit, bis wir im Lager sind. Dort haben wir genug Zeit, uns aufzuregen.

—

Kapitän Schröder auf der Brücke. Er spricht ins Mikrophon, noch die gleiche Rede wie zuvor.

SCHRÖDER. … mein Bemühen ebenso wie das meiner Mannschaft ist nach wie vor darauf gerichtet, Sie an einem sicheren Ort … und nur an einem solchen … von Bord gehen zu lassen. Ich wünsche Ihnen, soweit das unter so schwierigen Umständen möglich ist, eine gute Nacht.

(Unterdessen ist hinter ihm Leo Jockl eingetreten. Schröder tritt vom Mikrophon zurück und bemerkt ihn.)

SCHRÖDER. Herr Jockl, danke, dass Sie gleich gekommen sind. Ich habe nicht nur Telegramme der Hilfsorganisationen bekommen, sondern auch … das hier von der HAPAG. *(Bitter.)* Von unserer guten alten deutschen Reederei.

(Er reicht ihm ein Stück Papier. Während Jockl laut liest, tritt Konsul Holthusen auf und spricht den Inhalt seines Schreibens mit.)

JOCKL UND HOLTHUSEN. »Polizei erbittet Auskunft über Kellner Leo Jockls familiären Hintergrund, stop, es wird behauptet, dass er jüdisches Blut hat, stop, Polizei sieht Angelegenheit als ernst an, stop, Quellen zuverlässig, stop, wenn nötig, nehmen Sie die Hilfe von Ortsgruppenleiter Schiendick in Anspruch.«

(Holthusen geht ab. Jockl und Schröder sehen einander lange schweigend an, bevor Schröder spricht.)

SCHRÖDER. Hier meine Antwort. Vorhin abgeschickt. *(Er gibt ihm ein zweites Blatt.)*

JOCKL *(liest).* »Ausführliche Befragung ergibt, Leo Jockl loyal zu Partei und Land, stop, kein Anzeichen für semitische Abstammung.« *(Pause. Dann umarmt er Schröder.)*

SCHRÖDER *(steht steif und reglos da, das Ganze ist ihm sehr unangenehm).* Gott helfe uns allen, Herr Jockl.

—

Ein Büro im Innenministerium des Vereinigten Königreichs. Der amerikanische Botschafter Kennedy trifft einen Staatssekretär.

STAATSSEKRETÄR. Lieber Kennedy, so einfach ist das aber nicht. Was wissen wir, was weiß die Regierung Seiner Majestät über diese Juden! Natürlich, einige von ihnen können Verfolgte sein. Aber viele sind wohl einfach auch unzuträgliche Personen.

KENNEDY. Unzuträgliche Personen?

STAATSSEKRETÄR. Na, eben Leute, die man nicht im Land haben will. Die Gestapo wird schon wissen, warum sie der HAPAG eine ganze Schiffsladung aufgedrängt hat, vielleicht geradewegs aus den Gefängnissen, was wissen wir denn schon! Haben wir nicht genug Kriminelle hier in England?

KENNEDY. Diese Menschen haben nichts verbrochen.

STAATSSEKRETÄR. Die deutsche Polizei sieht das anders.

KENNEDY. Meine Regierung würde es sehr schätzen, wenn die englische Regierung diesen Flüchtlingen beistehen könnte.

STAATSSEKRETÄR. Ihre Regierung, die sich gerade geweigert hat, diese Leute ins Land zu lassen, obwohl sie praktisch schon in Florida waren? *(Pause.)* Nur damit ich's verstehe, Botschafter Kennedy, Sie meinen diese Regierung, ja? Keine andere?

KENNEDY *(leise)*. Ja, diese.

STAATSSEKRETÄR. Und übrigens, waren es nicht Sie, der neulich gesagt hat, dass man Frieden mit Hitler suchen muss?

KENNEDY. Das war ich, und das meine ich auch, aber das hat nichts mit diesen armen Menschen auf dem Schiff zu tun.

STAATSSEKRETÄR. Das Schiff muss zurück nach Deutschland, das sagt einem der gesunde Menschenverstand. Und dann werden wir mit den deutschen Behörden in ein Gespräch darüber eintreten, welche Passagiere wir eventuell in England aufnehmen können. In solchen Dingen darf man nichts überstürzen. Wir haben in England selbst schon sehr viele Juden, wissen Sie? Zu viele, wenn Sie mich fragen.

—

Fritz Spanier allein.

FRITZ SPANIER. Zu diesem Zeitpunkt erlaubte uns die HAPAG nicht mehr, umsonst Telegramme zu verschicken. Wir mussten Juwelen sammeln – einige Frauen hatten noch Schmuck versteckt – und sie den Matrosen für ein Spottgeld verkaufen. Schließlich hatten wir Geld für ein Telegramm, ein einziges nur, an Premierminister Chamberlain zusammen. »907 Menschen, die Hälfte davon Frauen und Kinder, flehen um Asyl in England, Rückkehr nach Deutschland unmöglich, Verzweiflungsakte nicht zu vermeiden.«
(Otto Schiendick tritt auf.)

SCHIENDICK. Haben Sie Ihr kleines Telegramm abgeschickt? Genießen Sie Ihre letzten freien Tage? Wenn wir in Hamburg ankommen, wird niemand je wieder von Ihnen hören. *(Zum Publikum.)* Sie denken jetzt, der Otto Schiendick ist wirklich eine zu billige Bösewicht-Gestalt. Aber ich habe das wirklich gesagt: »Wenn wir in Hamburg ankommen, wird niemand je wieder von Ihnen hören.« Ich war wirklich so.

—

Kapitän Schröder an seinem Schreibtisch. Aaron Pozner und eine Gruppe Männer stürmen in den Raum. Pozner trägt einen Knüppel in der Hand, andere haben Äxte und Messer.

POZNER. Es ist so weit, wir übernehmen das Schiff.

SCHRÖDER. Machen Sie sich nicht unglücklich.

POZNER. Ich bin schon unglücklich.

SCHRÖDER. Meine Crew wird Sie alle spielend überwältigen. Es ist leicht, die Brücke zu besetzen und ins Büro des Kapitäns zu stürmen, aber echte Meuterer besetzen den Maschinenraum. Wussten Sie das? Wissen Sie überhaupt, wo der Maschinenraum ist?

POZNER. Wir nehmen Sie als Geisel.

SCHRÖDER. Ich werde keinen Befehl geben, der dazu führt, dass das Schiff seinen Kurs verlässt.

POZNER. Als guter deutscher Offizier wollen Sie uns in Deutschland abliefern, nicht wahr? Man hat es Ihnen ja befohlen. Aber ich war im Lager! Ich gehe nicht wieder hin! Ich rette meine Kinder, und Sie werden mich nicht hindern.

SCHRÖDER. Ich werde das Schiff vor Sussex auf Grund laufen lassen.

(Pause. Alle sind verblüfft.)

SCHRÖDER. Wenn Sie das tun, was Sie vorhaben, kann ich diesen Plan nicht ausführen. Aber wenn das Schiff auf Grund läuft, durch Versagen des Kapitäns, durch Manövrierfehler, dann muss die englische Küstenwache uns retten, alle von uns. Dann sind Sie in England.

POZNER *(fassungslos)*. Ich habe mich in Ihnen getäuscht, Kapitän.

SCHRÖDER. Gehen Sie jetzt. Dieser Zwischenfall ist vorbei.

(Pozner flüstert den Männern etwas zu, sie weichen zurück und gehen hinaus.)

SCHRÖDER *(zum Publikum)*. Ich hatte mit dem Gedanken eigentlich nur gespielt, aber erst jetzt, da ich es ausgesprochen hatte, wurde mir klar, dass ich es auch tun musste. Das eigene Schiff zerstören. Kein Kapitän tut so was. Aber ich musste es machen. *(Im Befehlston.)* Kurskorrektur! Fünfzehn Grad Steuerbord, dann volle Kraft voraus!

STIMME IM LAUTSPRECHER. Kapitän, wir sind auf Kollisionskurs!

SCHRÖDER *(mit brechender Stimme brüllend)*. Volle Kraft voraus!

STIMME IM LAUTSPRECHER. Kapitän, Kollisionsgefahr!

SCHRÖDER. Volle Kraft!

(Warnsirenen ertönen.)

SCHRÖDER *(brüllend)*. Volle Kraft voraus! *(Er hält sich fest und erwartet den Zusammenstoß.)*

(Alarmsirenen ertönen, das Licht verdunkelt sich. Man hört berstendes Metall und Schreie. Das Licht geht aus.

Langes Dunkel.
Schließlich wird es langsam hell.)

SCHRÖDER *(in unveränderter Haltung).* So hätte es enden können. *(Lange Pause.)* So hätte es enden sollen. Und fast hätte es so geendet. Aber dann kam ein Telegramm. Die belgische Regierung hatte sich bereit erklärt, 200 Flüchtlinge aufzunehmen. Einfach so, ohne Bedingungen.
(Morris Troper tritt auf.)

TROPER *(zum Publikum).* Jetzt war wieder ich am Zug. Belgien hatte einen Weg eröffnet, auf dem es weitergehen konnte. Als Nächstes Holland. Temporäres Asyl, ja, so hieß es ausdrücklich: temporär, für 194 Flüchtlinge. Und dann England.
(Der englische Staatssekretär tritt auf.)

STAATSSEKRETÄR. Gegen meinen ausdrücklichen Einspruch. Schriftlich festgehalten. Aber Premierminister Chamberlain hatte sich durch so ein lächerliches Telegramm vom Schiff rühren lassen.

TROPER. Also 350 Menschen nach England. Und als Letztes Frankreich: 250.

SCHRÖDER. Und meine Ehre als deutscher Kapitän blieb intakt. Ich musste mein Schiff nicht zerstören.

TROPER. Ende gut, alles gut.

SCHRÖDER *(zutiefst traurig).* Ende gut, alles gut.

—

Babette Spanier und Tante Charlotte treten auf.

BABETTE SPANIER. An diesem Abend wagten wir es zum ersten Mal wieder, einander anzulächeln. Wir wagten es, verhalten erleichtert zu sein. Und beim Abendessen wurde eine Broschüre von Tisch zu Tisch gereicht. Wir blätterten, und dann passierte es. Wir lachten!

TANTE CHARLOTTE *(liest vor).* »Die St. Louis ist ein Schiff, auf dem man sicher und komfortabel reist. Sie hat alles, was man sich wünschen kann, um das Leben an Bord zum Vergnügen zu machen. Genießen Sie Ihre Fahrt auf der St. Louis.«

(Morris Troper tritt auf.)

TROPER. In Antwerpen kamen Dutzende Bürokraten an Bord. Ich war einer von ihnen. Alle hatten wir unsere kleinen Aktenkoffer und unsere Formulare und unsere Bleistifte, es musste ja entschieden werden, wer in welches Land durfte. So was ist nicht einfach. Wir saßen an Tischen in der großen Halle des Schiffs, unter dem Bild von Adolf Hitler. Das sah nicht so gut aus, aber irgendwo mussten wir ja sitzen. Und wir inspizierten und befragten und entschieden. Viel war zu berücksichtigen. Zum Beispiel wollte Holland nur Flüchtlinge aufnehmen, die schon eine US-Einwanderungs-Quotennummer hatten. Frankreich hingegen ... Nun ja, was Frankreich wollte, wusste keiner so genau.

(Otto Bergmann und Tante Charlotte treten auf.)

BERGMANN. Tante Charlotte, wir gehen nach England!

TANTE CHARLOTTE. Papperlapapp, nach Frankreich.

BERGMANN. England ist sicherer.

TANTE CHARLOTTE. Ich lasse mich nicht immer von dir herumkommandieren.

BERGMANN. Immer?

TANTE CHARLOTTE. Ich bin eine arme Frau, mit der man alles machen kann. Aber dieses eine Mal nicht!

BERGMANN. Hör doch zu –

TANTE CHARLOTTE. Ich höre dir gerne zu, und danach gehe ich nach Frankreich. Ich habe eine Kusine in Nizza.

BERGMANN. Du kannst nicht allein nach Frankreich!

TANTE CHARLOTTE. Ja, dann komm mit. Wenn du deine arme alte Tante nicht allein lassen möchtest, dann kommst du halt mit.

TROPER. Wir meinten es doch so gut mit unseren Registrierblättern und Kärtchen und Listen, wir wollten doch helfen. Aber in Wahrheit waren wir Schicksalsmächte und verurteilten zum Leben und zum Tod.

(Fritz und Babette Spanier treten auf. Sie reichen Troper ihre Pässe.)

TROPER *(zu den Spaniers)*. Holland!

(Die Spaniers sehen einander erschrocken an, offenbar war das nicht ihre Wahl gewesen.
Otto Schiendick tritt mit seinem Spazierstock auf.)

SCHIENDICK. Und auch ich ging in Holland von Bord. Aufgabe erfüllt. Es ist ja sonst nicht meine Art, mir zu gratulieren, so ist der Otto Schiendick einfach nicht, aber diesmal war ich doch sehr stolz. Es störte zwar ein bisschen, dass all die Juden dem KZ entkommen waren, aber das war ja nicht für immer, das würde sich schon einrenken. Heute gehört uns Deutschland. Und morgen …! *(Er lacht, schwingt seinen Spazierstock und geht ab.)*

(Babette und Fritz Spanier bleiben zurück. Marianne Bardeleben, Otto Bergmann, Tante Charlotte, Elise und Max Loewe, Kapitän Schröder, Aaron Pozner, Leo Jockl und Otto Schiendick treten auf.)

BABETTE SPANIER. Die Niederlande verfrachteten uns in Züge mit vernagelten Fenstern. Die brachten uns ins

Quarantänelager Westerbork. Warum Quarantäne? Wir hätten ja krank sein können, sagte man. Das wisse man ja nicht. Fünfzig Menschen pro Baracke, ums Lager Stacheldraht, dahinter patrouillierten Wächter mit scharfen Hunden. Und das waren die guten Zeiten. Denn dann kamen die Deutschen.

BERGMANN. Als Frankreich der Krieg erklärt wurde, internierten uns die Franzosen sofort als feindliche Ausländer.

TANTE CHARLOTTE. Mich nicht. Ich hatte Glück und konnte mich in Nizza bei meiner Kusine verstecken. Dann hatte ich noch mehr Glück und starb.

MARIANNE. Meine Mutter und ich kamen nach Frankreich. Mein Vater war immer noch in Havanna und hatte es fertiggebracht, uns Visa zu verschaffen. Unser Schiff legte in einem Konvoi von über hundert anderen in Le Havre ab. Die meisten wurden bei der Überfahrt von deutschen U-Booten versenkt. Ich erinnere mich, wie sie rechts und links von uns gesunken sind, ich erinnere mich an Feuer und Rauch, ich höre sogar noch die Schreie. Unser Schiff wurde nicht versenkt, aber der Schiffsarzt bemerkte, dass ich Darmwürmer und Kopfläuse hatte. Man rasierte mich kahl. Auf meinem Kopf waren offene Wunden von der Unterernährung und dem Ungeziefer. Unser Schiff nach Kuba, wo mein Vater auf uns wartete, sollte in New York ablegen, aber wir durften nicht an Bord, wegen meiner Würmer. Sie hielten mich auf Ellis Island fest. Ich war in der Kinderstation, meine Mutter durfte mich nicht besuchen, jeden Tag schmierte man mir Jod auf den Kopf, es brannte wie Feuer. Wir blieben auf Ellis Island, bis unsere amerikanischen Transitvisa abgelaufen waren. Dann mussten wir die USA verlassen. Irgendwie schaffte es Papa, jemanden in Havanna zu bestechen, und wir durften hinein. Wir hatten Glück.

BABETTE SPANIER. Wir nicht. Als die Deutschen kamen, waren wir schon im Lager. Sie mussten Westerbork nur übernehmen. Jede Woche kamen neue Züge mit Verhafteten. Jede Woche fuhren Züge nach Polen ab.

POZNER. In einem davon war ich. Ich wurde in Auschwitz vergast. Das wissen Sie, ich habe es Ihnen ja schon gesagt. Mein Tagebuch hat überdauert, nur deshalb weiß man, dass es mich gegeben hat, Aaron Pozner, einen armen Hebräischlehrer. Was aus meiner Familie wurde, ist nicht bekannt.

BABETTE SPANIER. Wir kamen nicht in die Züge. Mein Mann Fritz wurde … *(Pause. Sie kann nicht weitersprechen.)*

FRITZ SPANIER. Ich wurde Chefarzt des Krankenhauses Westerbork. Ich freundete mich mit dem Lagerleiter an. Ich hatte Macht über Leben und Tod. Wen ich im Krankenhaus aufnahm, der galt als transportunfähig, der kam nicht in den Zug. Wem ich die Aufnahme verweigerte, der fuhr in den Tod. Als der Befehl kam, alle Frauen im Lager zu sterilisieren, die mit nichtjüdischen Männern verheiratet waren, habe ich den Befehl ausgeführt. Es war ja, um ihr Leben zu retten. Wenn sie keine Kinder bekommen könnten, so hieß es, müsse man sie auch nicht töten. Es half aber nichts. Am Ende wurden auch sie nach Auschwitz gebracht. Aber meine Frau und meine Töchter überlebten. Nach dem Krieg gingen wir wieder nach Deutschland. Ich eröffnete eine Praxis in Düsseldorf.

BABETTE SPANIER. 1950 ließen wir uns scheiden.

ELISE LOEWE. Ich hatte Glück. Ich war unter den wenigen, die nach England durften. Zwar fielen jeden Tag Bomben auf London, aber mich traf keine, und irgendwann schaffte es Max aus Havanna zu mir.

MAX LOEWE. Ich habe den Krieg nicht überlebt. Herzversagen, Mitte 1942, es war alles zu viel.

ELISE LOEWE. Ich blieb übrig. Ich hatte Glück.

JOCKL. Ich kam zur Marine. Auf Fronturlaub lernte ich 1941 ein Mädchen kennen. Wir verliebten uns. Ich gestand ihr, dass ich Halbjude war. Sie sagte, es mache ihr nichts. Aber sie erzählte es ihrer Mutter. Der machte es was. Sie zeigte mich an. Ich wurde verhaftet, als Halbjude kam ich nicht ins Lager, aber ich wurde zwangsweise beim Minensuchdienst eingesetzt. Im November 1944, in der Nähe von Athen, wurde ich von einem amerikanischen Tiefflieger getötet.

SCHRÖDER. Ich, der ich das Schiff nicht auf Grund gefahren habe, weil ich dachte, es wäre nicht nötig, ich, ein anständiger Mann, der immer das Richtige tun wollte, ich habe überlebt. Ich habe für die HAPAG ein paar Kreuzfahrten in der Karibik durchgeführt. Dann ging das nicht mehr, wegen des Krieges, und ich kam zurück nach Hamburg. Bis zum Kriegsende saß ich hinter einem Schreibtisch. Ich bin nie wieder zur See gefahren. *(Pause.)* Niemand weiß, wie viele von den Tausend überlebt haben. Waren es vierhundert? *(Pause.)* Ich bin doch nur Gustav Schröder aus Hamburg. Was hätte ich tun sollen?

(Alle gehen ab. Bloß Otto Schiendick bleibt stehen.)

SCHIENDICK. Ja, und der Otto Schiendick? Oder wollen Sie das gar nicht wissen? Natürlich wollen Sie! Ich habe tatsächlich Karriere gemacht. Als die Engländer 1945 Hamburg besetzten, war ich in einer Abwehr-Spezialeinheit, die Akten vernichten sollte. Als ich aus dem Bunker ans Tageslicht kam, blinzelnd wie ein Maulwurf, sah mich eine englische Patrouille, und irgendwer dachte sich: Um den ist's nicht schade, und legte an und schoss, und da war der Otto Schiendick tot. *(Pause.)* Ein bisschen traurig ist auch das, nicht wahr? Selbst ich bin ein Toter zu viel. Wenn es Gott gibt, und wer weiß, vielleicht gibt es ihn ja wirklich – dann liebt er sogar Otto Schiendick. *(Während er weiterspricht, wird es kaum merklich dunkler. Zugleich schwillt ein störender Ton an, wie eine Schiffssirene.)* Und jetzt sind wir alle friedlich vereint im Tod. Die Schurken und die Guten und die, die weder das eine noch das andere waren. Wir sind jetzt alle gleich. Alle friedlich zur Ruhe gebettet, als Fußnote in den Geschichtsbüchern, unter der Überschrift »Die Reise der St. Louis«, alle … *(Jetzt fällt ihm der Ton auf, und zugleich irritiert es ihn, wie sehr das Licht abgenommen hat. Er sieht sich besorgt um.)* Doch, so ist es! Alle gleich … O doch, sobald genug Zeit … Hallo? Hören Sie mich? Sobald genug Zeit vergangen ist, sind alle … *(Er ist jetzt kaum noch zu verstehen.)* Hören Sie mich noch? Hören Sie mich …? Wir sind jetzt alle gleich … Hören Sie? Wir sind alle …

(Das Horn übertönt ihn vollständig. Es wird dunkel.)

Anmerkungen

7,2 *St. Louis:* Passagierschiff der Hamburg-Amerika-Linie der HAPAG. Die St. Louis wurde 1929 in Dienst gestellt und auch für Kreuzfahrten genutzt. Sie wurde 1952 abgewrackt.

7,17 *HAPAG:* Steht für Hamburg-Amerikanische Packetfahrt-Actien-Gesellschaft. 1847 in Hamburg gegründet, zählte die Reederei in den 1930ern mit dem Bremer Lloyd zu den größten deutschen Schifffahrtsunternehmen und war unter anderem für Linienfahrten zwischen Deutschland und den USA sowie für Urlaubskreuzfahrten bekannt.

7,18 f. *American Jewish Joint Distribution Committee:* Eine 1914 zur Unterstützung der notleidenden jüdischen Bevölkerung in Palästina gegründete Initiative. Sie leistete vor und während des Zweiten Weltkriegs humanitäre Hilfe für Juden in Europa und unterstützte die Flucht vor nationalsozialistischer Verfolgung.

7,20 f. *Internationalen Komitees für politische Flüchtlinge:* Intergovernmental Committee on Refugees (ICR) – 1938 gegründete, internationale Organisation, die die Ausreise von Juden aus Deutschland und Österreich unterstützte und sich um Einreisekontingente bei aufnehmenden Staaten bemühte. 1947 wurde sie durch die Internationale Flüchtlingsorganisation der Vereinten Nationen abgelöst.

8,15 *Isla de Pinos:* (heute: Isla de la Juventud) zweitgrößte Insel Kubas, südlich vor Havanna gelegen, durch ein 1931 eröffnetes Modellgefängnis als Gefängnisinsel berüchtigt.

9,12 *Ortsgruppenleiter:* Funktionär der NSDAP auf Orts- oder Gemeindeebene, hier für die St. Louis zuständig. Ortsgruppenleiter überwachten die lokale Bevölkerung (in diesem Fall: die Schiffsbesatzung) und lieferten politische Beurteilungen.

9,20 f. *Die Gnade der späten Geburt*: Durch den Bundeskanzler Helmut Kohl (1930–2017) Anfang der 1980er prominent gewordene und heftig umstrittene Wendung, nach der Deutsche, die nach 1930 geboren wurden, im Nationalsozialismus nicht schuldig werden konnten.

11,19 *SS*: Die »Schutzstaffel« wurde 1925 von Hitler als Leibgarde gegründet und schließlich von Heinrich Himmler geleitet. Sie war ein zentrales Terror- und Unterdrückungsorgan der NSDAP, zuständig für Betrieb und Organisation von nationalsozialistischen Konzentrations- und Vernichtungslagern und verantwortlich für zahlreiche Kriegsverbrechen und Verbrechen gegen die Menschlichkeit in den besetzten Gebieten.

12,12 *Dachau:* Konzentrationslager in der Nähe von München. Es wurde bereits im März 1933, also nur wenige Wochen nach der sogenannten ›Machtergreifung‹, durch die Nationalsozialisten eingerichtet.

12,22 *Gestapo:* Die »Geheime Staatspolizei« war politische Polizei des NS-Regimes mit weitreichenden Befugnissen. Als solche war sie wichtiges Instrument der nationalsozialistischen Terrorherrschaft und Vernichtungspolitik.

13,19 f. *Der »Stürmer«:* 1932 gegründete, nationalsozialistische Propagandazeitschrift. Sie war für ihre hetzerischen antisemitischen Artikel und Karikaturen bekannt.

14,20 *Adolf Eichmann:* Adolf Eichmann (1906–1962) war SS-Obersturmbannführer im Reichssicherheitshauptamt, einer zentralen Einrichtung des nationalsozialistischen Gewaltapparats, und als Referatsleiter für die Organisation der Verfolgung, Deportation und Vernichtung der europäischen Juden zuständig. Er gilt als das bekannteste Beispiel eines nationalsozialistischen ›Schreibtischtäters‹. Nach dem Krieg floh er über die ›Rattenlinie‹ (Fluchtroute führender Vertreter des NS-Regimes) nach Argentinien. Dort wurde er 1960 vom israelischen Geheimdienst festgenommen, 1961 in Israel vor Gericht gestellt und 1962 hingerichtet. In diesem weltweit beachteten Prozess argumentierte Eichmann, unschuldig zu sein, da er nur Befehle ausgeführt habe.

15,2 *Abwehr:* Bezeichnung für den deutschen Militärgeheimdienst. Neben der Spionage in anderen Ländern hatte die Abwehr auch die Aufgabe, feindliche Spionage abzuwehren.

15,2 f. *Mikrofilme:* sehr stark verkleinerte, auf Filmmaterial gespeicherte Abbildungen von Dokumenten.

16,31 *konfisziert:* konfiszieren: durch staatliche Instanzen beschlagnahmen.

18,6 *Weltjudentum:* Bezeichnung für eine antisemitische, bis heute wirkmächtige Verschwörungstheorie, nach der ›die Juden‹ ein grenzübergreifendes Kollektiv bildeten, das im Geheimen z. B. die Wirtschaft kontrolliere oder die Weltherrschaft anstrebe.

19,30 *Fontane:* Theodor Fontane (1819–1898), Autor des Realismus. Seine Romane zählen zu den bekanntesten Werken der deutschsprachigen Literatur und gelten als fester Bestandteil eines bildungsbürgerlichen Lesekanons.

22,11 *Visa:* Plural von »Visum«. Genehmigung der Einreise bzw. des Aufenthaltes in einem Land, meist mit einem Eintrag im Pass bestätigt. Für jüdische Flüchtende wurde es im Verlauf der 1930er Jahre immer schwieriger, ein Visum zu erhalten. Oft war die Genehmigung an den Nachweis finanzieller Mittel gebunden, die von den Nationalsozialisten bereits beschlagnahmt worden waren.

23,11 *Präsidentialdekret:* Verordnung eines Präsidenten ohne Mitwirkung von Kabinett und Parlament.

25,29 f. *Protegé:* Bezeichnung für eine (meist jüngere) Person, die von einer anderen Person unterstützt und gefördert wird.

31,11 *Halbjuden:* Es handelt sich um eine während des Nationalsozialismus gebräuchliche, umgangssprachliche Bezeichnung für Menschen mit einem jüdischen und einem nicht-jüdischen Elternteil. Mit den Nürnberger Gesetzen (1935) schlossen die Nationalsozialisten einzelne Bevölkerungsgruppen aus der ›Volksgemeinschaft‹ aus und differenzierten z. B. zwischen ›Juden‹ und ›jüdischen Mischlingen‹. Diese Differenzierung spielte bei Verfolgung, Deportation und Vernichtung eine wichtige Rolle.

32,15 *Gojim:* Plural von »Goj«, jiddisches Wort zur Bezeichnung eines Nicht-Juden.

33,21 *Dekret:* Rechtsakt, eine Verordnung mit Gesetzeskraft.

33,29 *Instruktionen:* Anleitungen oder Weisungen von einer höheren Stelle.

35,10 *Oiwei:* jiddischer Ausruf, zu übersetzen etwa mit: »Oh weh!«

36,9 *Horst-Wessel-Lied:* Erst ein Kampflied der SA, dann Parteihymne der NSDAP, ab 1933 schließlich inoffizielle Nationalhymne. Horst Wessel (1907–1930), der den Text zum Lied schrieb, war SA-Sturmführer in Berlin. Sein »Sturm« galt als besonders brutal. Er wurde

1930 von KPD-Mitgliedern erschossen. Nach seinem Tod stilisierten die Nationalsozialisten ihn zum Märtyrer.

37,7 *Reede:* Ankerplatz für Schiffe, vor dem Hafen gelegen.

38,3 *Reling:* Geländer, das um das Deck eines Schiffes läuft.

42,1 *Kajüte:* anderes Wort für eine Kabine auf einem Passagierschiff.

43,12 *Korruption:* Bestechung.

46,19 *Admiral Canaris:* Wilhelm Canaris (1887–1945) war von 1935 bis 1944 Leiter der deutschen Abwehr.

49,8 *Schiffspurser:* Zahl- und Proviantmeister eines Schiffes.

50,17 *Goebbels:* Joseph Goebbels (1897–1945) war einer der engsten Vertrauten Hitlers und von 1933 an Reichsminister für Volksaufklärung und Propaganda. Er unterstützte mit seiner Propaganda aktiv die nationalsozialistische Kriegs- und Vernichtungspolitik. Sein Ministerium nutzte die Reise der St. Louis für Propagandazwecke und nahm auch in Havanna aktiv Einfluss auf die Berichterstattung und die öffentliche Meinung.

52,10 *Roosevelt:* Franklin D. Roosevelt (1882–1945), von 1933 bis 1945 Präsident der Vereinigten Staaten von Amerika.

54,1 *Patrouillen:* Wachgänge.

55,26 *temporärer:* vorübergehender.

56,3 *Kavallerie:* eigentlich der zu Pferd kämpfende Teil einer Armee, der oftmals anderen Armeeteilen zu Hilfe eilte. In diesem Sinne hier metaphorisch gemeint: Berenson glaubt, das Problem lösen zu können.

58,17 *»Auf der Reeperbahn nachts um halb eins«*: bekannter Schlager über das Nachtleben auf der Vergnügungsstraße Reeperbahn im Hamburger Stadtteil St. Pauli.

75,29 f. *semitische Abstammung:* jüdische Abstammung.

82,24 *Heute gehört uns Deutschland. Und morgen …!:* Zitat aus dem Refrain des Propagandaliedes »Es zittern die morschen Knochen« von Hans Baumann. Im Lied werden Krieg und imperiale Ansprüche des NS verherrlicht. »Heute hört/gehört uns Deutschland und morgen die ganze Welt« wurde in der NS-Zeit zu einem geflügelten Wort.

83,1 *Westerbork:* Zuerst von den Niederlanden gegründetes Flüchtlingslager, um jüdische Geflüchtete aus Deutschland aufzunehmen. Nach der Besatzung der Niederlande wurde es von den Nationalsozialisten als Durchgangslager vor dem Transport in die Konzentrations- und Vernichtungslager genutzt.

83,31 *Transitvisa:* Visum, das die Reise durch ein visumspflichtiges Land erlaubt, um an ein endgültiges Reiseziel zu gelangen. Gerade für die Reise per Schiff waren Transitvisa von großer Bedeutung, da einige aufnehmende Länder nicht direkt von europäischen Linien bedient wurden.

84,7 *Polen:* hier: Verweis auf die nationalsozialistischen Vernichtungslager im besetzten Polen wie etwa Auschwitz-Birkenau und Treblinka.

84,23 *sterilisieren:* Auf Grundlage des »Gesetzes zur Verhütung erbkranken Nachwuchses« (1934) wurden bis 1945 Hunderttausende Menschen gegen ihren Willen mit teils brutalen Methoden sterilisiert, darunter z. B. Zwangsarbeiterinnen und KZ-Häftlinge.

Nachwort

Spaghetti und Geschrei

Die Sache mit Daniel Kehlmann und dem Theater ist kompliziert. Und der Autor spricht offen darüber. 2009 rechnet er in seiner Eröffnungsrede der Salzburger Festspiele mit dem deutschsprachigen Theaterbetrieb ab und sorgt damit für einen Skandal. Wer aus dem Ausland komme und hier in ein Theater ginge, sei verwirrt:

> »Was das denn solle, fragen sie, was denn hier los sei, warum das denn auf den Bühnen immer so ähnlich aussehe, ständig Videowände und Spaghettiessen, warum sei immer irgendwer mit irgendetwas beschmiert, wozu all das Gezucke und routiniert hysterische Geschrei? [...] Ob das so, so fragen die Besucher, denn staatlich vorgeschrieben sei?«[1]

Eine staatliche Vorschrift zu Spaghetti und Geschrei existiert natürlich nicht, für Kehlmann aber hat sich der Theaterbetrieb selbst ein solches Gebot gegeben: Es herrsche eine Pflicht zur Aktualisierung (mit Videowänden und ›Gezucke‹), eine historische, texttreue Inszenierung gelte hingegen als altmodisch, sei geradezu unmöglich. Die Dominanz des von Kehlmann hier kritisierten ›Regietheaters‹ auf deutschsprachigen Bühnen mag ein Grund dafür sein,

1 Daniel Kehlmann, »Die Lichtprobe. Eröffnungsrede der Salzburger Festspiele 2009«, in: D. K., *Lob. Über Literatur*, Reinbek bei Hamburg 2010, S. 179–188, hier S. 183.

warum der Autor erst 2011, also dreizehn Jahre nach seinem Debüt als Romancier, mit *Geister in Princeton* sein erstes Theaterstück vorlegte, schließlich ist jedes Theaterstück ja darauf angewiesen, auf die Bühne gebracht und damit von der Regie bearbeitet zu werden. Allzu negativ können Kehlmanns Erfahrungen als Dramenautor mit dem Theaterbetrieb aber nicht ausgefallen sein, denn diesem ersten Stück folgten weitere: 2012 feierte *Mentor* im Theater in der Josefstadt in Wien Premiere, ebendort kam 2017 *Heilig Abend* auf die Bühne. Im September 2018 wurde Kehlmanns viertes Stück, *Die Reise der Verlorenen*, unter der Regie von Janusz Kica im Theater in der Josefstadt uraufgeführt.

Formfragen: Ethik

Liest man die *Reise der Verlorenen* vor dem Hintergrund von Kehlmanns Kritik am deutschsprachigen Theater, so fällt auf, dass sein Stück selbst – auch im Vergleich mit anderen Theatertexten der Gegenwart – fast ein wenig konventionell erscheint, gerade weil der Text formal alle Erwartungen erfüllt, die man an die Gattung Drama stellt: Eröffnet wird die *Reise der Verlorenen* durch eine Übersicht der handelnden Figuren, denen im Text einzelne Sprecheinsätze klar zugeordnet sind. Haupttext und Nebentext sind voneinander getrennt, Sprechtext und Regieanweisungen also deutlich voneinander abgesetzt. Es gibt eine Einteilung in Szenen, die Handlungsführung ist chronologisch aufgebaut und stringent.

Dass Kehlmann in der *Reise der Verlorenen* auf experimentellere Formen wie etwa die Auflösung klar markierter

Sprechinstanzen zugunsten von ›Textflächen‹ verzichtet, mag man vor dem Hintergrund der Salzburger Rede auf eine persönliche Vorliebe für ein eher klassisches Schauspielertheater zurückführen. Kehlmann liefert einen Text, der nicht mehr grundlegend für die Bühne bearbeitet werden muss, also nur eine ›schwache Regie‹ benötigt. Darüber hinaus lässt sich diese ästhetische Entscheidung aber *auch* als eine ethische verstehen, wenn man berücksichtigt, dass Kehlmann in der *Reise der Verlorenen* auf einen historischen Stoff zurückgreift. Es sind die Geschichten von Opfern und Tätern nationalsozialistischer Verfolgung und Vernichtung, die mit dem Stück auf die Bühne gebracht werden. Dass diese Figuren im Text einen Subjektstatus haben, dass man ihnen einzelne Aussagen und Entscheidungen klar zuordnen kann, ist deshalb *auch* eine Entscheidung dafür, Verantwortung für das jeweilige Handeln klar zuzuweisen und individuelle Schicksale sichtbar zu machen.

Aufbau: Was geschieht? versus Wie geschieht es?

Mit diesen Überlegungen zu Verantwortung und Schuld stößt man in das Zentrum der Geschichte der jüdischen Flüchtenden. Für sie erscheint der Aufbruch aus dem nationalsozialistischen Deutschland im Jahr 1939 zunächst als Rettung, ihre Reise endet aber schließlich nicht im kubanischen oder US-amerikanischen Exil, sondern in verschiedenen Ländern Europas – und damit im NS-Machtbereich. Von den 937 Menschen, die am 13. Mai 1939 mit der St. Louis aufbrachen, überlebte nur ein Viertel die Shoah.

Die Reise der St. Louis ist nach 1945 gleich mehrfach künstlerisch aufgegriffen worden: 1974 arbeiteten Gordon Thomas und Max Morgan-Witts das Geschehen unter dem Titel *Das Schiff der Verdammten. Die Irrfahrt der St. Louis* auf und machten es damit einem breiten Publikum bekannt. Das Buch war ein Verkaufserfolg, wurde sogar in Hollywood verfilmt, Kehlmann selbst nennt den Band als Vorlage für sein Theaterstück. 1990 nahm der britische Erfolgsautor Julian Barnes das Geschehen in seine *Geschichte der Welt in 10½ Kapiteln* auf, 2009 erschien der Comic *St. Louis Flüchtlingsschiff Blues* aus der Feder von Art Spiegelman, der sich bereits in seiner mit dem Pulitzer-Preis ausgezeichneten Graphic Novel *Maus* mit der Shoah auseinandergesetzt hatte. 2020 verarbeitete Alan Gratz die Geschichte in seinem Jugendbuch *Vor uns das Meer.* Diese kurze Übersicht zeigt: Kehlmanns Text kann auf ein Publikum zählen, das um den Status des Stückes ›nach einer wahren Begebenheit‹ weiß. Und wer es nicht weiß, dem wird es gleich im ersten Auftritt auf den Kopf zugesagt: »Diese Geschichte ist wahr«, so erklärt Otto Schiendick, »[u]ns alle hat es gegeben« (S. 10). Was der Ortsgruppenleiter für die Täter erklärt, erläutert Aaron Pozner für die Opfer: »Wir sind keine erfundenen Figuren, und deswegen müssen wir es auch nicht spannend machen. Ich werde meine Frau und die Kinder nie wiedersehen. Nur mein Tagebuch wird überdauern.« (S. 12)

Schon die ersten Szenen des Stückes zerstören also alle Hoffnung, ›verraten‹ das Ende. Und mehr noch: Die Figuren selbst wissen um ihr Schicksal und thematisieren es. Der Titel von Kehlmanns Stück ist in dieser Hinsicht programmatisch: Die Flüchtenden sind bereits verloren, als sie das Schiff besteigen. Pozners Hinweis, dass man es nicht spannend machen muss, ist ein dramentheoretisch reflexiver Kommentar, er fasst die Zielsetzung des Textes präzise: In den Blick rückt in der *Reise der Verlorenen* nicht, *was* passiert, sondern *wie* und *warum* es passiert. Aufmerksamkeit erhalten die (weltpolitischen) Kontexte, vor deren Hintergrund die Reise stattfindet und die Rettung der Flüchtenden scheitert. Kehlmanns Stück zeigt, wie die Nationalsozialisten die Reise der St. Louis für Propagandazwecke nutzen, wie die Flüchtenden zum Spielball von Innen- und Außenpolitik unterschiedlicher Länder werden. Es zeigt, welche Rolle die Medien und – verbunden damit – politische Spekulationen über die öffentliche Meinung spielen. Das Stück legt dar, wie einzelne Akteure und Institutionen versuchen, aus dem Schicksal der Verfolgten Kapital zu schlagen. In diesem Blick auf den Umgang mit Flüchtenden liegt die beklemmende Aktualität der *Reise der Verlorenen*.

Kontrastfiguren

Aber eins nach dem andern. Wie bringt Kehlmann den historischen Fall auf die Bühne? Von einem ästhetischen Mittel war bereits die Rede: Gemeint ist das Durchbrechen der vierten Wand, die direkte Ansprache des Publikums durch Schiendick, mit der das Stück beginnt und mit der die historische Distanz des heutigen Publikums zum Gezeigten problematisiert wird:

> »Wir schreiben das Jahr 1939. Und sofort schätzen Sie sich glücklich, nicht wahr, dass Sie diese Zeit nicht erlebt

> haben. Die Gnade der späten Geburt, bla, bla, bla, die Gnade, dass Sie nicht herausfinden müssen, ob Sie auch einer sind wie ich.« (S. 9)

Mit der Rede von der »Gnade der späten Geburt« nutzt der Steward ein Zitat, allerdings eines, das der historische Schiendick gar nicht kennen konnte. Es wurde zu Beginn der 1980er Jahre vom damaligen Kanzler Helmut Kohl (1930–2017) genutzt, um zwischen seiner Generation der ›Spätgeborenen‹ und jenen Deutschen zu unterscheiden, die im Nationalsozialismus als Erwachsene schuldig geworden sind. Kohls Äußerung wurde als Versuch verstanden, eine allgemeine Verantwortung der Deutschen für die Shoa von sich zu weisen, und entsprechend kritisiert. Mit Schiendick ist es nun explizit ein Täter, der die Rede von der späten Geburt als ›Blabla‹ kennzeichnet:

> »Sie, begnadet mit später Geburt, denken vielleicht gerade: ›Wer weiß, wie ich gehandelt hätte?‹ Ich verrate Ihnen was: Falls Sie wirklich nicht wissen, wie Sie gehandelt hätten, dann wissen Sie es schon. Dann hätten Sie gehandelt wie ich.« (S. 9 f.)

Indem Schiendick Kohl zitiert, verhandelt die *Reise der Verlorenen* nicht nur den konkreten historischen Fall, sondern auch die bundesrepublikanische Auseinandersetzung mit Fragen nach individueller und kollektiver Schuld in Bezug auf die Shoah.

Und dieser Rückgriff auf die Aufarbeitung von Nationalsozialismus und Shoah zeigt sich auch in der Anlage der Figur selbst. Schiendick stellt sich als »Nazi« (S. 9) vor, er ist

Parteimitglied und -funktionär, sein Antisemitismus wird wiederholt deutlich. Gleichzeitig aber erklärt er, dass sein Engagement als Ortsgruppenleiter *auch* dem Wunsch nach Aufstieg und Macht geschuldet ist: Den letzten Kapitän der St. Louis hat der Steward durch Denunziation ins KZ gebracht und damit die Hierarchie auf dem Schiff umgekehrt. Mit Schiendick kommt einer der Männer auf die Bühne, auf denen der totalitäre NS-Staat und die Judenverfolgung aufbauen: buchstäbliche, linientreue Nazis einerseits, andererseits aber Opportunisten, die nicht mehr länger »Wicht« (S. 9) sein wollen, wie Schiendick es nennt, sondern Macht erstreben – bis hin zur Macht über Leben und Tod. Das Gegenbild zu ihm bildet der Kapitän Gustav Schröder, der sich Schiendick widersetzt, den Kellner Jockl schützt und schließlich sogar darüber nachdenkt, das Schiff auf Grund laufen zu lassen. Schröder nutzt das Seerecht, um als Kapitän die Handlungsmöglichkeiten des Ortsgruppenleiters einzuschränken. Er setzt sich für die Flüchtenden gegenüber der Reederei und der kubanischen Regierung ein und unterstützt deren Organisation in einem Komitee. Dabei ist die Widerständigkeit Schröders weniger politisch bedingt, er leitet sie vielmehr aus seinem Kapitänsamt ab: aus der Autorität eines Amtes, die er durch Personen wie Schiendick in Frage gestellt sieht, sowie durch die Verpflichtung gegenüber den Passagieren seines Schiffes.

Bei der Gruppe der Schiffsbesatzung konzentriert sich Kehlmanns Stück auf die beiden Antagonisten Schiendick und Schröder sowie den Kellner Jockl. Die Gruppe der Passagiere ist ungleich größer, aber auch hier präsentiert die *Reise der Verlorenen* eine kleine, exemplarisch zu verstehende Gruppe. Um nur einige zu nennen: Neben dem Hebräischlehrer Pozner, einem ehemaligen KZ-Häftling, der für die Flucht mit der St. Louis seine Familie zurücklassen muss, finden sich die Geschwister Renata und Evelyne Aber, die als Kinder einer in der NS-Ideologie so genannten ›Mischehe‹ der Verfolgung ausgesetzt sind. An Bord gehen der mit Berufsverbot belegte Arzt Fritz Spanier mit seiner Familie und der Jurist Max Loewe mit seiner Frau Elise. Max Loewe war ebenfalls im KZ, er ist traumatisiert, kann nicht mehr an seine Rettung glauben und fühlt sich auch auf dem Schiff verfolgt. So unterschiedlich die Herkünfte der Passagiere auch sind: Alle Flüchtenden haben Gewalterfahrungen gemacht, alle haben ihre (bürgerliche) Existenz verloren, wurden verfolgt und misshandelt, mussten um ihr Leben fürchten. Was diese Erfahrungen mit ihnen machen, zeigt sich gerade in dem Moment, in dem die Flüchtenden in Sicherheit sind: Auf dem Schiff angekommen, können sie es kaum glauben, dass sie wieder als Menschen behandelt werden und sich frei bewegen können. Gleichzeitig ist die (vorläufige) Rettung für die Flüchtenden mit Gefühlen der ›Überlebensschuld‹ verbunden, wie man sie aus Texten von KZ-Überlebenden wie Jean Améry oder Primo Levi kennt: Zwar ist ihr Leben gerettet, doch sie müssen Familie, Freunde und Verwandte in Deutschland zurücklassen, die weiterhin der Verfolgung ausgesetzt und dem Tode bestimmt sind (Dan Diner). Auch in dieser Hinsicht sind die Geretteten Verlorene.

Historisches Drama und Zeitstück

In zahlreichen Passagen der *Reise der Verlorenen* geht es um die Verbindung von Emigration und Geld respektive von

Flucht und Ökonomie: Die Tickets für die Fahrt auf der St. Louis sind so teuer, dass manche Familien es sich nur leisten können, ein einziges Familienmitglied auf die Reise zu schicken. Die Reederei selbst nutzt die existenzielle Notlage der Passagiere aus, indem sie die Flüchtenden dazu zwingt, ein Rückfahrticket zu buchen und auf dem Schiff Geld umzutauschen. Der kubanische Minister für Einwanderung bereichert sich mit gefälschten Einreisepapieren.

Aber auch im Bereich der ›großen Politik‹ geht es, wenn über die Aufnahme der Flüchtlinge verhandelt wird, sehr schnell um Geld: Zwischen den Hilfsorganisationen und der kubanischen Regierung werden mehr ökonomische als humanitäre Argumente ausgetauscht. Das zeigt: Kehlmanns Stück ist ein politisches Drama, es ist vor allem aber auch ein Politik(er)drama. Entsprechend ist die Gruppe der Figuren, die dem Bereich der Politik zuzuordnen sind, die größte im Verzeichnis der handelnden Personen. Auftritte haben neben dem kubanischen Präsidenten und mehreren seiner Minister der Botschafter der Vereinigten Staaten sowie der Außen- und der Finanzminister der USA. Indirekt sind auch der kubanische Armeeführer Fulgencio Batista und die Regierungen Großbritanniens, Belgiens, der Niederlande und Frankreichs in die Handlung involviert. Über Ausmaß und Konsequenzen der nationalsozialistischen Judenverfolgung sind sich alle Beteiligten bewusst. Dass die Aufnahme der Flüchtenden dennoch verweigert wird, hat innenpolitische Gründe: In Kuba ist die Frage nach Aufnahme oder Ablehnung beispielsweise eine Entscheidung zwischen zwei politischen Lagern, nicht zuletzt aber ein Kampf um die öffentliche Meinung, die von den Nationalsozialisten durch Einflussnahme auf die Presse beeinflusst wird. Auch in den USA und Großbritannien spielen antisemitische Ressentiments und volkswirtschaftliche Überlegungen in der Debatte um die Aufnahme der Passagiere der St. Louis eine große Rolle.

Genau in der Darstellung dieser Konstellation liegt die irritierende Aktualität von Kehlmanns Stück. Zwar ist die *Reise der Verlorenen* ein historisches Drama, das sich einer spezifischen (welt-)politischen Konstellation im Jahr 1939 widmet; wie jedes historische Drama ist aber auch dieser Text seiner Gegenwart verpflichtet, ist mithin ein ›Zeitstück‹: Es ist kein Zufall, dass Kehlmann im Jahr 2018 ausgerechnet eine historische Geschichte von Flucht behandelt, die per Schiff erfolgt. Knapp drei Jahre zuvor nämlich fand im Herbst 2015 eine Fluchtbewegung ihren Höhepunkt, in der Hunderttausende Menschen beispielweise aus Syrien und dem Irak flohen und sich (oftmals per Boot) auf den Weg nach Europa machten. Die Frage danach, welches Land die Flüchtenden aufnehmen kann, sorgte, ganz ähnlich wie in der *Reise der Verlorenen*, für diplomatische Verwerfungen zwischen den Staaten. Und auch die Debatten, die in der Politik geführt wurden, etwa im Hinblick auf volkswirtschaftliche Risiken von Flucht oder Grenzen gesellschaftlicher Aufnahmefähigkeit, ähneln stark denjenigen, von denen in Kehlmanns Stück zu lesen ist. Dass Flucht bis heute in Deutschland und Europa – nicht zuletzt im Zuge des Aufstiegs (neu-)rechter Parteien – immer wieder zum Politikum gemacht und skandalisiert wird, zeigt die dauernde Aktualität des Stoffes.

Der Vergleich mit der historischen Situation zeigt aber auch die Unterschiede: Für die Flüchtenden der Jahre 2015 ff. ist Europa der Kontinent der Hoffnung, der Schutz vor Verfolgung und Bedrohung verspricht. Deutschland im Speziellen erscheint als Land, in dem man sich ein besseres und sicheres Leben aufbauen kann. Für die Flüchtenden des Jahres 1939 ist es genau umgekehrt: Sie müssen Europa verlassen, in Deutschland werden Existenzen zerstört, drohen Verfolgung und Tod. Aktuelle Debatten über eine ›Festung Europa‹, über Obergrenzen für Asyl oder die Auslagerung entsprechender Verfahren in außereuropäische Länder wirken vor diesem Hintergrund geradezu zynisch. Nimmt man dies ernst, so steht im Zentrum des Stücks eine klare Botschaft: Aus dem Wissen um die Geschichte der Verlorenen des Jahres 1939 leitet sich eine besondere Verantwortung für die ›Verlorenen‹ der Gegenwart ab.

Thomas Wortmann

Zu den Autoren

Daniel Kehlmann, geb. 1975, studierte Philosophie und Germanistik in Wien, bevor er sich seiner schriftstellerischen Arbeit widmete. Heute lebt er in Berlin. Für sein Werk wurde er unter anderem mit dem Candide-Preis, dem Per-Olov-Enquist-Preis, dem Kleist-Preis, dem Thomas-Mann-Preis, dem Friedrich-Hölderlin-Preis und 2024 mit dem Ludwig-Börne-Preis ausgezeichnet. Sein Roman *Die Vermessung der Welt* war eines der erfolgreichsten deutschen Bücher der Nachkriegszeit, und auch sein Roman *Tyll* stand monatelang auf den Bestsellerlisten und gelangte auf die Shortlist des International Booker Prize. Zuletzt erschienen sein Roman *Lichtspiel* sowie die von ihm geschriebene und von David Schalko inszenierte Fernsehserie *KAFKA*. Seine Theaterstücke sind als Lesestoff nicht weniger faszinierend als seine großen Romane.

***

Thomas Wortmann, geb. 1983, ist Professor für Neuere deutsche Literatur und qualitative Medienanalyse an der Universität Mannheim. Zu seinen Forschungsschwerpunkten zählen das Drama und das Theater der Gegenwart, die Literatur des 19. und 20. Jahrhunderts sowie der Film.

Inhalt